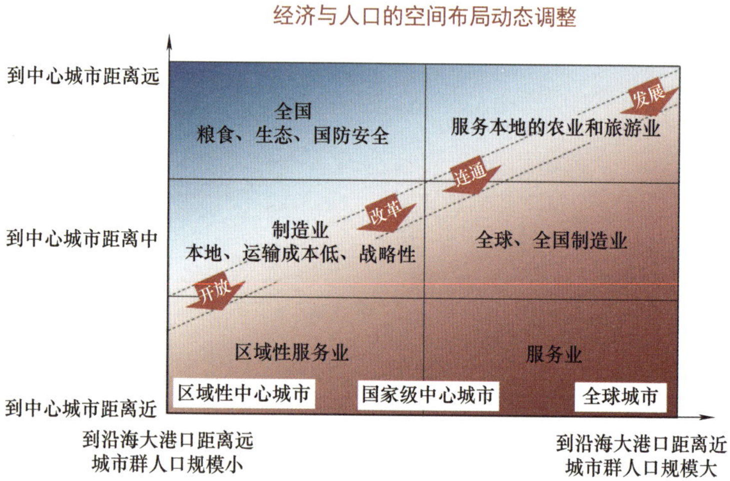

经济与人口的空间布局动态调整

	全国 粮食、生态、国防安全	服务本地的农业和旅游业 发展
到中心城市距离远		
到中心城市距离中	制造业 本地、运输成本低、战略性 改革 连通	全球、全国制造业
	区域性服务业 开放	服务业
到中心城市距离近	区域性中心城市	国家级中心城市 全球城市

到沿海大港口距离远　　　　　　　　　到沿海大港口距离近
城市群人口规模小　　　　　　　　　　城市群人口规模大

彩图1 "双重中心-外围"格局下的区域比较优势

注：红色代表人口流入地，蓝色代表人口流出地。

资料来源：摘自陆铭、向宽虎、李鹏飞、李杰伟、钟粤俊合作的论文《分工与协调：区域发展的新格局、新理论与新路径》（《中国工业经济》，2023年第8期）。

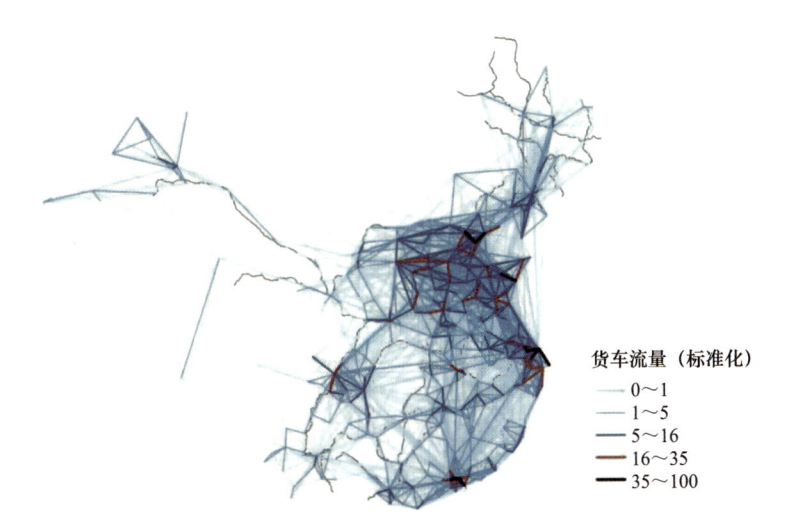

货车流量（标准化）
— 0～1
— 1～5
— 5～16
— 16～35
— 35～100

彩图2　全国货车行程轨迹图（按车流分级）

注：该图为2018年货车行程轨迹图，图中仅显示年度车流超过3650次的轨迹，根据车流次数进行标准化，最大值为100，最小值为0，中间的按比例赋值，城市间车流规模标准化后用不同颜色进行分类。为方便读者更直观地看到车流轨迹的空间分布情况，彩图2中简单勾勒了城市之间的主要铁路，不包括台湾、海南等海岛地区。

资料来源：作者根据原始数据绘制。原始数据来自交通运输部，由上海评驾科技有限公司提供。

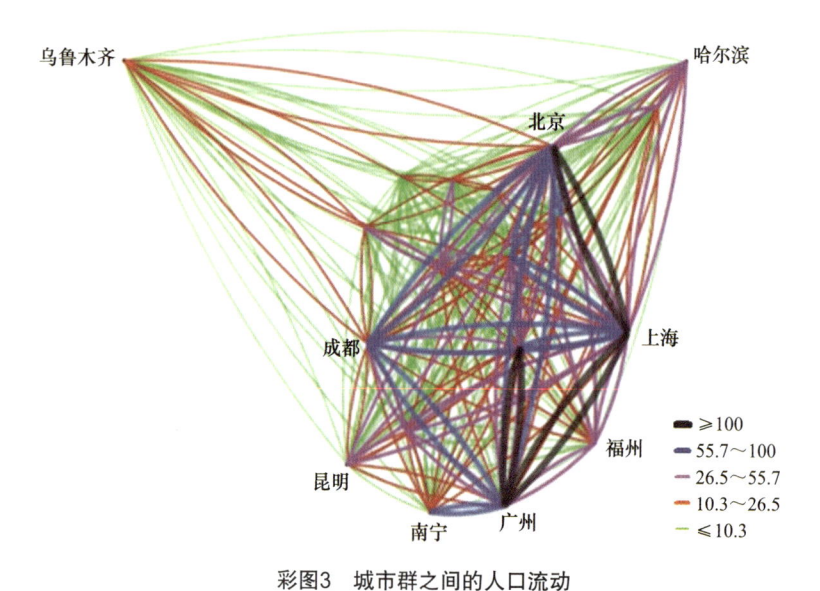

彩图3　城市群之间的人口流动

资料来源：由智慧足迹数据科技有限公司的精算师根据原始数据绘制，原始数据来自联通智慧足迹数据科技有限公司。数据经过标准化处理。

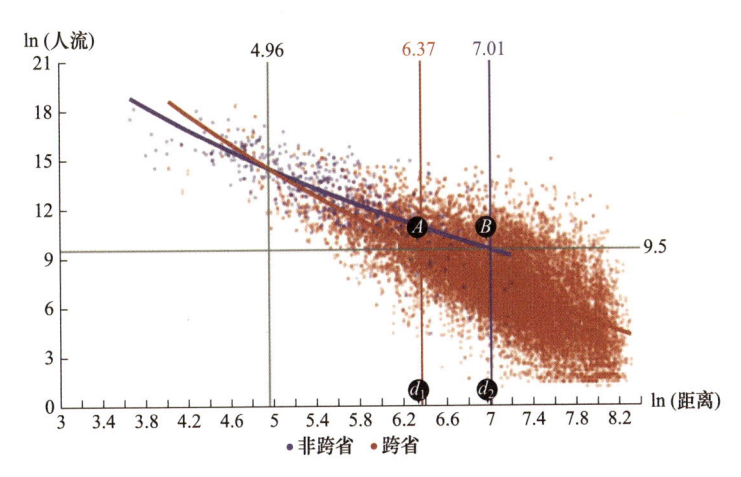

彩图4　行政分割导致的人流量衰减

资料来源：由智慧足迹数据科技有限公司的精算师根据原始数据计算，原始数据来自联通智慧足迹数据科技有限公司。

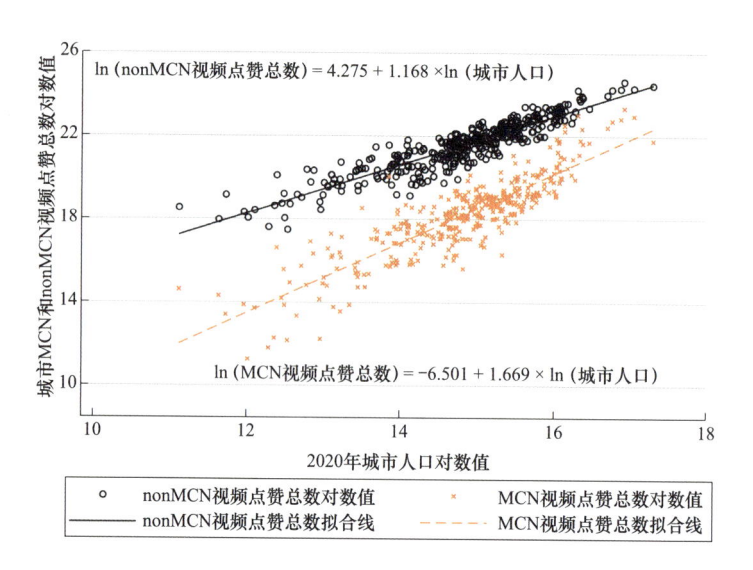

彩图5　城市视频点赞数量与城市人口的关系

资料来源：作者根据原始数据绘制。原始数据由巨量引擎城市研究院提供，涵盖2021年3月、6月、9月、11月的数据。

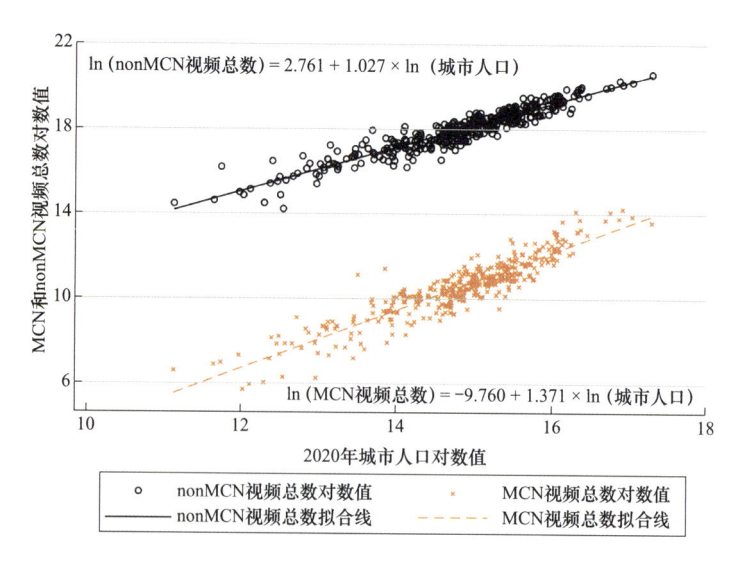

彩图6　城市发布的视频数量与城市人口的关系

资料来源：作者根据原始数据绘制。原始数据由巨量引擎城市研究院提供，涵盖2021年3月、6月、9月、11月的数据。

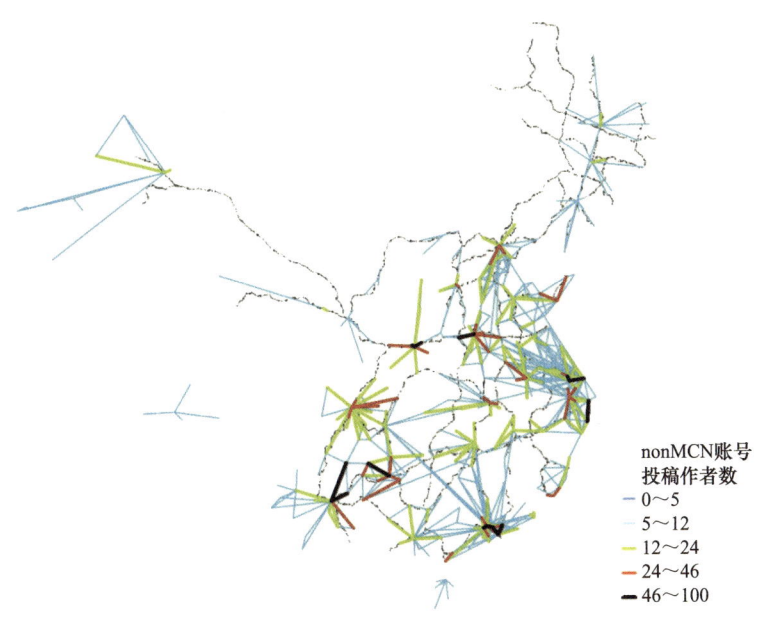

彩图7 "常驻地–投稿地"的nonMCN账号投稿作者数

注：未显示数量最少等级的线条；图例中的数量经过标准化，最大数量定为100，其余数量均采用"实际数量÷最大数量×100"。为方便读者更直观地看到迁移轨迹的空间分布情况，彩图7中简单勾勒了城市之间的主要铁路，不包括台湾、海南等海岛地区。彩图8至彩图10做相同的设定。

资料来源：作者根据原始数据绘制。原始数据由巨量引擎城市研究院提供，涵盖2021年3月、6月、9月、11月的数据。

彩图8 "常驻地–开播地"的nonMCN账号主播数

资料来源：作者根据原始数据绘制。原始数据由巨量引擎城市研究院提供，涵盖2021年3月、6月、9月、11月的数据。

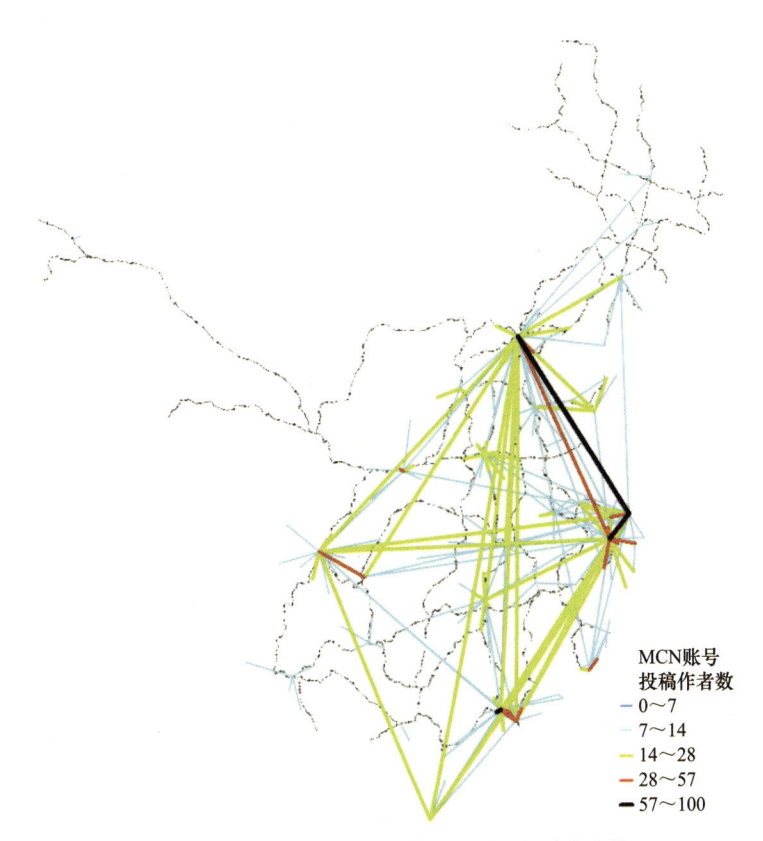

彩图9 "常驻地–投稿地"的MCN账号投稿作者数

资料来源：作者根据原始数据绘制。原始数据由巨量引擎城市研究院提供，涵盖2021年3月、6月、9月、11月的数据。

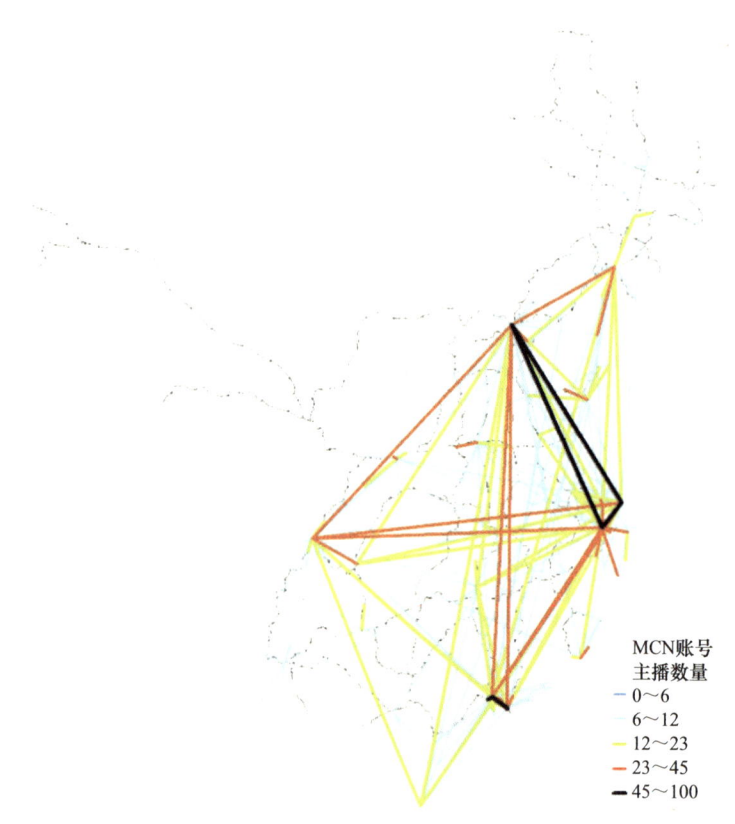

| MCN账号
主播数量
— 0~6
— 6~12
— 12~23
— 23~45
— 45~100

彩图10 "常驻地–开播地"的MCN账号主播数⊖

资料来源：作者根据原始数据绘制。原始数据由巨量引擎城市研究院提供，涵盖2021年3月、6月、9月、11月的数据。

⊖ nonMCN账号和MCN账号的"常驻地–投稿地"的投稿视频数和"常驻地–开播地"的直播间数与彩图7至彩图10呈现的特征类似，限于篇幅就不在书中展示了。

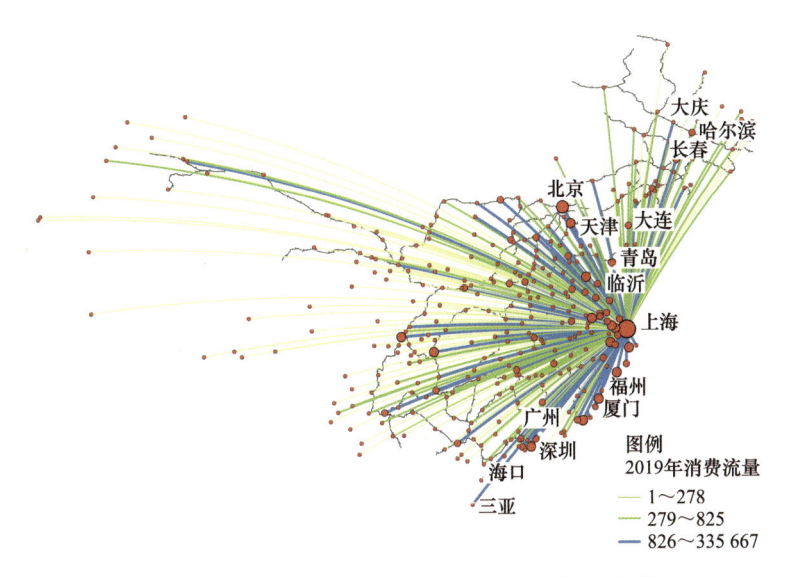

彩图11　2019年1~12月全国来上海的消费流量规模

注：图例数值经过标准化处理，其中红点大小代表各个城市来上海的消费流量规模。为方便读者更直观地看到消费流轨迹的空间分布情况，图中简单勾勒了城市之间的主要铁路，不包括台湾、海南等海岛地区。

资料来源：作者根据银联数据绘制。

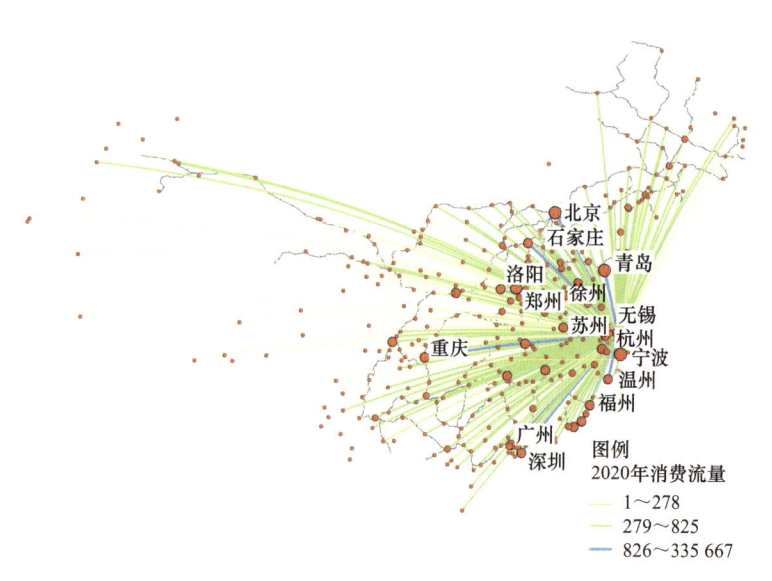

彩图12　2020年1～5月全国来上海的消费流量规模

注：图例数值是经过标准化的数值，其中红点大小代表各个城市来上海的消费流量规模。为方便读者更直观地看到消费流轨迹的空间分布情况，图中简单勾勒了城市之间的主要铁路，不包括台湾、海南等海岛地区。

资料来源：作者根据银联数据绘制。

上海交通大学中国发展研究院城市发展丛书

流量城市

统一大市场中的协作与活力

李杰伟 郑怡林 魏东霞 彭冲 著

机械工业出版社
CHINA MACHINE PRESS

中国城市正迈向"流量时代",货流、人流、信息流和消费流等纵横交织,让城市呈现出从沿海到内陆、从中心城市到外围区域的"双重中心-外围"格局。全书以流量城市为观察视角,以大数据中的"流"数据为基础,通过货流、人流、信息流和消费流四个维度来解构流量城市的集聚力与辐射力。此外,本书还讨论了"信息时代的城市格局是怎样的""如何通过流量来驱动城市高质量发展""区域间应该如何协调发展,才能激发统一大市场中的协作与活力""城市应该如何拥抱新技术、融入新趋势,让流量汇聚,面向更加宜居的未来"等城市高质量发展的相关话题。

图书在版编目(CIP)数据

流量城市:统一大市场中的协作与活力 / 李杰伟等著. -- 北京:机械工业出版社, 2025.6. -- (上海交通大学中国发展研究院城市发展丛书). -- ISBN 978-7-111-78442-5

Ⅰ. F299.21

中国国家版本馆CIP数据核字第2025S9067Y号

机械工业出版社(北京市百万庄大街22号　邮政编码100037)
策划编辑:章集香　　　　　　　　责任编辑:章集香　牛汉原
责任校对:张勤思　张慧敏　景　飞　责任印制:单爱军
天津嘉恒印务有限公司印刷
2025年7月第1版第1次印刷
147mm×210mm・6.75印张・9插页・132千字
标准书号:ISBN 978-7-111-78442-5
定价:69.00元

电话服务	网络服务
客服电话:010-88361066	机 工 官 网:www.cmpbook.com
010-88379833	机 工 官 博:weibo.com/cmp1952
010-68326294	金 书 网:www.golden-book.com
封底无防伪标均为盗版	机工教育服务网:www.cmpedu.com

序言
PREFACE

连接人的城市

在当下的中国，越来越多的城市感觉自身的经济增长遇到了某些瓶颈。过去20多年，中国生产的物质产品日益丰富，但依赖出口消化国内产能的发展模式已经难以持续了。目前，国内居民越来越富裕，新产生的需求也不再仅仅局限在物质上。在这种情况下，就需要我们将对城市发展的思考转向一个新的领域，那就是怎样为其他城市的居民提供差异化的服务消费。未来，文旅产业将成为新的经济增长点，而且，文旅产业的发展本身也发生了一些逻辑上的变化。以前，老一辈的人到另外一个城市，大多是为了出差或者购物。如今，人们跨城的旅行可能仅仅是为了看一处风景，小憩一晚，顺便再捎上一些网购难以买到或者不敢买的东西，例如街边的酱菜。

当然，城市间的流量不仅包括人流，还包括物流和信息流，这些构成了看待城市及其经济增长之间关系的新维度。

未来，哪个城市能抓住流量，就能把握新的机遇。在当下这个时代，流量的大小与一个城市提供给来访者差异化服务的能力有关，而这种能力又取决于人口规模和人口密度。大城市在流量时代要发挥优势，这考验着大城市如何对待来自五湖四海的人，以及如何把人口密度从挑战转化成机遇。而对于人口规模小和人口密度低的小城市和乡村而言，就要看它们能不能提供具有足够特色的生活体验，使得"有朋自远方来"。

城市的流量为什么如此重要呢？在我看来，城市流量是衡量城市活力、经济竞争力和可持续发展能力的一个重要指标。随着城市化水平的提高，有越来越多的人生活在城市。城市之所以重要，是因为个体越来越需要与他人发生连接，而且只有在城市这个空间里才能连接更多的人。在城市里，你为他人提供产品和服务，同时你也是消费者。你也会和其他人一起交流想法，共同创新创业。当越来越多的经济活动与城市发生关系时，从某种意义上来说，经济学也越来越多地"成为"城市经济学。当一个人和另外一个人在城市里见面并且产生一次交易的时候，市场、分工、合约、信任这些经济学最为基本的元素在城市里就得到了非常具象的体现。

立足当下，展望未来，把城市看成一个点的时代已经过去了，城市之间的联系也不再只是局限在货物贸易领域。在城市与城市之间，人们越来越多地交换彼此提供的服务，这些服务有可能来自金融领域，也有可能来自城市的风景，甚至是路边的一家小餐馆。我们知道，异地消费的服务通常都是很难移动的，于是个体在跨城消费的时候，就会增加消费的多样性。而无数的个体行为加总在一起，就产生了城市的流量，或者反过来说，它使得城市具有了另一个特性，那就是"流量城市"。

以上就是我们创作《流量城市：统一大市场中的协作与活力》这样一部作品的背景。希望这本书能让"流量城市"成为热词，并赋予其学理内涵。

上海交通大学中国发展研究院是一家沟通学术、政策与生活的研究单位。有关城市和区域的研究一直是上海交通大学中国发展研究院重点关注的领域之一。自从2023年以来，我们推出了一系列与城市发展相关的报告和图书，试图通过数据化和可视化的方式，来研讨城市发展的重要问题。其中，陈宪、陆铭、夏立军等领衔创作的《强城时代》《创新之城：谁在引领强城时代》获得了不少读者的关注，呈现在读者面前的《流量城市：统一大市场中的协作与活力》是上海交通大学中国发展研究院城市发展丛书中的另一部作品。我们的团队正在创作中的作品还包括《消费城市》《城市之债》，酝酿中的其他一些想法这里就暂时不剧透了。

我把上海交通大学中国发展研究院城市发展丛书作为上海交通大学中国发展研究院持续创作的产品，我想这套丛书的建设最起码需要10年的时间。希望这套丛书能够让作者们连接到更广泛的读者，同时在创作和研究过程中，使经济学变得更为生动活泼，并对个体的成长和社会的进步产生推动作用。

是为序。

陆铭
2025年夏

前言
PREFACE

中国的城市正在进入"流量时代"

城市与城市之间，城市的不同区域之间，正在被各种流量串起来，货流、人流、信息流、消费流……各种流量将城市织进一张巨大的网，经纬纵横，交织错落。蓦然回首，人在网中，城市也在网中，人和城市就是这张网的一部分。流量，在人与人之间，在城市与城市之间，穿梭流动。城市不再是孤岛，城市里的不同区域也不再是独立的板块，它们都是流量城市的一部分。

当我们这么去看待城市时，区域间又该如何协调发展呢？信息时代的城市格局如何？统一大市场建设得怎样？城市该如何面向未来？以上问题都是需要我们回答的。

在这张网里，每个城市都有自己的优势和劣势，有些城市地理位置好，有些城市文化底蕴深厚，有些城市冬天有冰雪覆盖，有些城市四季如春……一个城市找准自己的比较优势,就能汇聚流量,打造流量城市。优势不够大的地方,也可以通过人口流出、土地改革、村镇合并等方式,让剩下的人获得更多的资源,走向共同富裕。最终,经济在集聚中走向平衡,实现区域间的协调发展。

这里,我们想要重新提一下陆铭老师在《强城时代:高质量发展的中国城市格局》(后简称《强城时代》)一书引言里的一段话:"大的城市并不一定强,小的城市如果找到自己的比较优势,也不一定弱。未来的城市高质量发展,应是大城市要做强,小城市也不要简单地通过做大来逞强。"

在我们的研究中,流量高度集聚,城市呈现出了从沿海到内陆、从中心城市到外围区域的"双重中心-外围"格局,并且,通常认为不那么依赖地理条件的"信息流"和"消费流",集聚程度反而更高,线上城市更加集聚。有些原本不那么受关注的城市找到了自己的比较优势,也在流量上表现得很抢眼,它们并不弱。

然而,到目前为止,这张网没有发挥出应有的规模经济效应,也没有达到建设统一大市场的目标。货流和人流的研究结果显示,不同城市间的市场分割还有些严重。尤其是人口的流动,以及与之相伴的户籍、市民化、土地等问题的改革,可以预期它们将会是未来二十年中国需要重点关注的改革领域。

流量汇聚，天然地将东西南北的城市连接在一起，将线上和线下联结成一体。流量重要，因为大部分服务业不可贸易，占比却越来越高，人与人的交流、真实世界和虚拟世界的交互变得更加频繁。因此，随着"流量城市"的到来，开放和包容将比以往任何时候都重要。包容不同地域和文化带来的流量，迎接不同观念和思维的碰撞，增强服务和管理的能力，是建设流量城市的基石。

尤其需要包容的是年轻人和新思想。谁也不知道，那些新鲜且略显天真的东西，是否有一天会成为主流，引领时代。城市发展的一个悖论是，城市的未来是年轻人的，但是城市的规划都是由现在甚至过去几十年的人来制定的，而且修改起来并不容易。因此，城市的规划要面向未来，面向年轻人。打造"流量城市"，尤其如此。愿，你我都年轻。

本书是在陆铭、陈宪和夏立军三位老师的指导下完成的。书稿的写作采用了"流量汇聚"的方法。全书由李杰伟和郑怡林统稿。以下是初稿的分工，因为特殊的写作方法，有些成员会反复出现在不同的章节中。

第一章：李杰伟、郑怡林、魏东霞、彭冲、陆铭。

第二章：郑怡林、李杰伟、彭冲。

第三章：魏东霞、李杰伟、郑怡林、陆铭。

第四章：李杰伟、魏东霞、夏怡然、陆铭。

第五章：彭冲、韩立彬、郑怡林、陆铭。

最后，特别指出的是，尽管陆铭、夏怡然、韩立彬三位老师不在作者团队中，但他们对本书内容做出了贡献，在此特向他们表达感谢。

目 录
CONTENTS

序 言 连接人的城市

前 言 中国的城市正在进入"流量时代"

Chapter 1 / 第一章 流量城市刚刚开启 1

一、流量城市为什么重要 3
（一）产业关联的体现 4
（二）消费需求的满足 5
（三）中心城市的辐射带动 6
（四）美誉度和品牌效应 7

二、流量城市如何产生 8
（一）产业关联 8
（二）消费的规模经济 9
（三）"线上-线下"互补 10

三、流量城市刚刚开启 11
（一）"双重中心-外围"格局下的流量城市网络 12
（二）新技术和新阶段推动流量城市发展 13
（三）流量分布与全国统一大市场建设 14

四、流量城市怎么"做"	15
（一）找到优势，扬长避短	16
（二）提前准备，持续积累	17
（三）拥抱新技术，融入新趋势	19
（四）顺应统一大市场建设	20

Chapter 2 / 第二章 货流：车流串起的城市与统一大市场　22

一、城市网络：车流与纽带	24
（一）车流是城市经济的纽带	24
（二）城市间车流与经济网络	26
（三）城市经济网络的空间特征	31
二、中心城市：向心与辐射	34
（一）经济活动的向心流动	34
（二）中心城市的影响力	39
（三）塑造中心城市的关键因素	47
三、统一大市场：分割与整合	52
（一）各种各样的"市场分割"	52
（二）车流网络可以反映"市场分割"	57
（三）统一大市场建设的着力点	63

Chapter 3 / 第三章 人流：人口流动、向心与分割　73

一、人口流动的特征：分化与长期	76
（一）分化：地区与人群的分化	77
（二）长期：大规模、长时间的流动	80

二、人口流动的趋势：集聚与向心 　87
　（一）人口流动的集聚与向心 　88
　（二）城市群的联系紧密度与凝聚力 　95
三、人口流动的制度影响：分割与一体化 　99
　（一）户籍与土地阻碍流动人口定居城市 　99
　（二）流动与留守的孩子 　101
　（三）省界分割对人口流动的阻碍作用 　107
　（四）人口流动缩小地区间收入差距 　112

Chapter 4 / 第四章　信息流：透视短视频和直播背后的向心城市 　119

一、"城市酷想家"不等式：流量与账号 　122
　（一）流量集聚的逻辑 　122
　（二）内容比账号更集聚，账号比人口更集聚 　125
　（三）越专业，越集聚 　128
二、流动网络中的向心模式：视频与直播 　140
　（一）城市网络：中心-外围 　141
　（二）中心城市：高度集聚 　144
　（三）外围城市：衰减效应 　147
三、格局的变化：城市与城市群 　152
　（一）信息流上的"双重中心-外围"格局 　152
　（二）信息流下的新兴城市 　153

第五章 消费流：新技术新阶段下的消费城市　159

一、流金岁月：消费城市的崛起与消费模式的革新　161
　（一）新阶段：后工业化阶段的消费中心城市　161
　（二）新技术：信息技术推动下的消费模式变革　164

二、城市脉动：消费中心城市的辐射力　168
　（一）消费旋律：城市之心如何跳动　168
　（二）城市探秘：城市内消费的活力脉络　178

三、线上线下交响曲：消费生态与创新路径　181
　（一）线上线下互补　181
　（二）流量变留量的文旅秘诀　185
　（三）激活城市活力：流量变现的时空逻辑　192
　（四）青年活力之都：流量变留量的底层逻辑　194

第一章

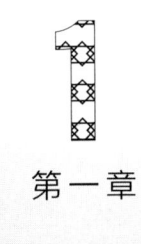

流量城市刚刚开启

- **流量城市之源**：产业关联、消费规模经济、线上和线下的互补关系都是产生流量的重要原因，它们共同塑造了流量城市。
- **流量城市格局**：中国流量城市网络呈现出"双重中心-外围"的空间格局，但地区间仍存在制度性市场壁垒。
- **流量城市的未来**：面向未来，流量城市应基于本地比较优势，积极拥抱数字化新技术，融入服务业新趋势，并顺应统一大市场建设的要求。

在城市人口存量分化的时代，抓住流量成为城市发展的新密码。"流量"一词，在互联网世界中司空见惯。流量大，意味着事物所受到的关注程度高；流量少，意味着它在主流视野之外。这在城市体系中也是类似的。近年来，我们常常听到的"打造流量城市"的目标，就是增强城市的吸引力，将货流、人流、信息流和消费流等各类流量汇聚在城市中，提升城市经济能级。

当然，不同的流动主体往往具有差异化的特征。比如说，商品和劳动力的流动依赖各类交通工具，存在不可避免的运输成本；而信息的流动在当前互联网高度覆盖的背景下则几乎是零物质成本的。这些差异会反映在整个流量网络中，我们将在后续几个章节一一道来。

第一章我们将从"流量城市"的概念出发，回答几个关键问题：

- 流量城市是怎么形成的？
- 流量城市具有什么样的特征？
- 为什么要打造流量城市？
- 有什么方式能够更好地通过流量来驱动城市高质量发展？

厘清这些问题，我们就能更好地理解不同类型流量城市的共同规律和具体差异。

一、流量城市为什么重要

提到"流量城市"，大家可能首先会问，流量城市是什么？它与我们经常听到的"城市"概念相比有何不同？

城市，简单来说就是具有较高经济、文化、政治活动水平的大型人类聚居地。传统上，我们通常从GDP、人口、产业等相对孤立的角度观察和评价城市。但城市并不是孤立的，而是通过人口、货物、信息等相互联系起来的。因此，从人与人之间、货与货之间，以及各类有形或无形要素间的联系重新审视并定义城市变得越来越重要。

如果一个城市对外联系紧密，无论是在人口、商品、信息或是其他消费的某一方面或者某几个方面都具有较大的流量规模，那么在这一领域，这个城市就可以称为"流量城市"。

流量城市在GDP、人口和产业等传统维度上一般也具有较为突出的表现，但二者并非具有必然的对应关系。例如2020年人口普查时，虽然杭州的常住人口数量排在全国第12位，GDP排名第8位[一]，但是发布的视频数、点赞数、主播数和直播间数整体上都比人口和经济的排名更靠前，非本地的专业主播和直播间（MCN）数量更是名列前茅。有时候，这种以"流量"来度量的城市吸引力，比经济数字排名更加符合人们的直观感觉，也更加贴近大众的生活。比如，淄博和哈尔滨的爆火吸引了非常多的人前往打卡，这完全不是"我市旅游人数××人"简单一个数字能够概括的。

一个重要的流量城市会在以下几个方面彰显它的重要性。

（一）产业关联的体现

城市的货流规模更多体现的是它与其他城市在生产上的相互联系。规模大，意味着该城市在统一大市场中扮演着重要的分工角色，同时也与其他城市产生了紧密协作。

例如无锡、佛山、东莞和临沂等城市，尽管它们的GDP排名已经处于前列（2019年分别排在第13、17、19、48位），但它们在货流规模上的排名更高（2019年分别排在第11、6、4、

[一] 排名由作者根据国家统计局公布的2020年第七次全国人口普查数据和2020年经济数据计算而来。

7位）。[一]这些城市要么是重要的原材料供应地，它们将生产资料运到下游；要么是主要的最终品加工地，它们将生产完成的商品发往全国各地；再或者就是物流中转中心或集散中心。货车司机们最明白，这些地方的货多，比很多经济总量更大的城市都重要。如果能进行长时期的跟踪观察，甚至可以从货流的波动和演变看到一个城市影响力的变化。

（二）消费需求的满足

货流不仅连接了产业链的上下游，也连接了生产活动与消费需求。因此，一个货流规模更大的城市，往往也意味着有更多消费需求得到了满足。从本书第二章货流的分析中我们也可以看到，传统的大城市汇聚了来自各地的流量，其中很大部分就来自消费商品的运输。

消费流和人流则更加直接地反映了消费需求的空间格局。在第五章所讲的消费流中我们将会看到，上海吸引了来自全国各地的人来此消费，资金流和人流集聚在一个个商圈和休闲娱乐中心。尤其是周末和节假日，上海的标志性地点如外滩、南京路，以及城市更新后的网红街道，在线上流量的推动下，打卡和消费的外地游客络绎不绝。浦东的迪士尼和海昌海洋公园等大型游乐园全年吸引着来自世界各地的游客。上海在这里所吸引的流量，可以一定程度上代表它对于各地消费需求的满足程度。

[一] 排名由作者根据国家统计局公布的2019年经济数据和第二章使用的车流大数据计算而来。

（三）中心城市的辐射带动

在由流量塑造的城市网络中，节点城市，或者说"流量中心城市"，相比于传统的统计指标，更能凸显其在各个维度上的辐射和带动作用。在生产活动中，以苏州为例，作为货流的节点城市，苏州一方面与研发重镇上海紧密相连，另一方面也连接着全国的原材料市场和各个零部件供应商，形成了高效的生产网络。

在消费领域，中心城市特有的大型娱乐设施和博物馆、重要的音乐会及演唱会等会展活动，虽然不一定能直接带来经济收益，却是消费中心城市的重要标志，能够汇聚大规模的消费流和人流。如上海博物馆举办的英国国家美术馆珍藏作品展览，就吸引了全国慕名而来的游客，展览期间共吸引了42万人次参观，文创产品销售额超过2300万元，实现了经济收益和社会效益的双赢，具体情况可参见专栏5-1中的讲述。

货流、人流和消费流等有形实体的流动，会在信息时代通过无形的信息流得到反映，并且被放大。尽管人们通常认为信息是更加分散化的，但是第四章对信息流的研究表明，视频、直播以及博主、主播都高度集中在中心城市并逐渐向外围城市辐射。由于信息天然的辐射效应，即使一个城市的经济产出不高，如果它的视频、直播、共享笔记等信息流比较集中，也意味着这个城市对外有重要的辐射力。

(四)美誉度和品牌效应

流量总是流向满足人民美好生活向往的地方,因此流量的规模同样能够体现城市的美誉度和品牌效应。

当一个城市的特色(如线上视频观看多、点赞量大、直播观看时间长)被广泛讨论时,就已经形成了这个城市的宝贵资产,在未来的某个时刻就能够转化为实际的线下消费。淄博烧烤出圈、哈尔滨冰雪旅游在视频平台的霸榜,其实就已经预示了紧随而来的线下旅游小高潮。

游戏《黑神话:悟空》的发布引发全球热议,游戏中的36个游戏场景现实取景地备受关注。尤其是涉及27个场景的山西省,游戏上线的第3天,这27个景点共接待游客12.66万人次,环比增长21.86%,门票收入552.8万元,环比增长16.18%。[一]还有很多人,虽不能至,心向往之,打开app再看一遍攻略、机票、酒店,默默地把它们放入出行的规划中。

人们也会用脚投票,通过实际的流动来表达对美好生活的追求。在这个信息被迅速分享的时代,城市的每个维度都会被关注,或就业,或生活。经过无数次的分享和选择之后,城市的人口流动规模,其实就反映了它在工作、消费、娱乐等方面的吸引力。例如,苏州的老街挤满了从全国各地过来穿汉服拍照的年轻人,杭州的一些商场聚集了各类二次元角色的扮演者。再过几年,这些年轻人都长大了,城市归根结底是他们的。

[一] 参见:《〈黑神话:悟空〉爆火之后 | 游戏与文旅的双向深度协同,参与大国竞争的文化出海"排头兵"》一文,新华网,2024年9月13日。

二、流量城市如何产生

既然已经知道了流量城市有多重要,那么现在我们就来看看这些城市是怎么成为流量的宠儿的。流量的产生和强化通常与投入产出的互动、线上线下的配合,还有消费的规模经济等关键点相关。下面,就让我们分别谈一谈这几个方面。

(一)产业关联

从生产的角度来看,城市之所以出现流量,是因为产业链上下游的紧密联系和多方合作。就像两百多年前亚当·斯密笔下的各种分工案例,或是半个世纪前伦纳德·里德在《我,铅笔》中讲述的一支铅笔的生产过程,这些例子放到现在依然适用。分工合作总是伴随着流量的产生,当生产链的不同环节分布在不同地方时,就需要通过运输来实现协作,这就产生了货物流动。由于生产过程中的规模经济,即分享、匹配、学习机制,某个环节甚至整个流程都可能在一个城市集聚,并且与上下游企业形成紧密的联系。因此,我们可以看到那些在生产上具有流量优势的城市,它们与周围城市的关系非常紧密。不过,受运输成本的影响,货物流动通常会随距离而衰减。

生产活动会带来人口的流动。人们为了寻找工作,往往会去大城市和制造业中心,因为那里有更多机会找到满意的工作。企业的分工与合作也带动员工的流动,如与上下游企业和同行企业进行联系,这也为大城市和关联城市带来了更多人员流动。在中国，由于生产环节主要集中在沿海城市和内陆中心城市，我们能够明显地看到往返于这两类城市与老家之间的人流，以及因为工作变动而在这两类城市之间往返的人流。

（二）消费的规模经济

消费活动具有很强的规模经济，出行、游玩、购物、餐饮、住宿，莫不如此，这种规模经济催生了流量城市和消费中心城市的崛起。

以出行为例，高铁、高速公路和地铁、轻轨等基础设施，都需要有足够的人口规模来分摊高昂的固定成本才能持续运营。因此，人口越多，交通网络越发达，人们的出行也就越便捷。各类大大小小的娱乐活动，如迪士尼、海洋公园、高等级的音乐会和画展，以及相对小众但有吸引力的漫展等活动，也要求有一定的市场规模。大城市的本地居民和外地游客往往更多，具备较大的消费潜力，也更容易举办这类大型或小众的娱乐项目，吸引全球的游客前来消费，实现人流、信息流、消费流的大规模汇聚。

消费的规模经济还体现在多样化的产品供给上。由于消费者的个性化偏好，大城市为了满足更多人的需求，也更容易开发和提供多样化的产品，形成良性循环。在消费中心城市，你可以找到各种设计风格的衣服，可以在一条街上尝遍各国的美食，酒店的类型和价格选择也丰富多样，总有一款适合你。

当然，这种多样化的规模经济还表现在丰富的消费场景组合中。娱乐、休闲、购物等多种活动的组合能够带来更高的出行意愿。比如，带孩子逛一天迪士尼或者海洋公园，第二天可以探索其他景点，晚上再到外滩散步欣赏夜景。或者不带明确目的性地逛逛商场，饿了品尝一下美食，无聊了去历史建筑密集的街道citywalk㊀，累了喝杯咖啡看会儿书，或许还会突然发现隔壁晚上有话剧演出或者音乐会。

（三）"线上-线下"互补

数字经济和线上城市似乎打破了地理的限制，让人不禁想问：我们是否还需要大城市？理论上，我们可以在小城市中远程交流和体验一切。然而，现实情况是，许多员工还是选择回到办公室，面对面的交流仍然不可替代；在消费体验上，远程听演唱会、看画展与现场的感受截然不同，电竞游戏现场的人气高涨更是证明了这一点，更不用说旅游体验了。

线上和线下的互补关系，也是塑造流量城市的关键力量。在生产活动中，我们研究发现，互联网降低了见面的成本，反而促使生产性服务业的集聚，同时扩大了中心城市生产性服务业的辐射范围，使得信息和资金在中心城市和外围城市之间更加自由地流动。在消费活动中，我们发现本地即时电商等数字平台与人口密度存在互补作用，城市生活服务业能够借助于平台实现规模化、多样化、便利化以及个性化发展，进一步为城

㊀ 城市漫步。

市带来了人流、货流和消费流。○

随着数字经济的不断发展,"线上-线下"互补的范围也在不断扩大。越来越多的景点和展览提供线上宣传、预约和讲解渠道,同时各种平台的分享、直播和讨论功能的完善,进一步放大了消费城市的辐射力,增加了线上和线下的流量。随着数据传输和大数据处理能力的提升,消费者特征数据变得越来越重要,成为企业咨询和产品开发的关键要素。线上直播和线下市场与快反基地○的结合为彼此相互赋能,这一点我们将在第四章进行详细的案例分析。

三、流量城市刚刚开启

顺着上一节的几个角度来看中国的城市发展,我们会发现,中国的流量城市时代已经到来。无论是货流、人流,还是信息流、消费流,都已经形成了明显的流量城市网络,并且呈现出"双重中心-外围"的格局。数字新技术和以服务业为主的新发展阶段正在不断推动流量城市的发展。尽管中国当前在构建统一大市场的过程中存在一些挑战,我们仍能预见其广阔的前景和无限的可能性。

○ 具体分析参见:吴思栩、李杰伟的《"数字经济"时代城市的未来——互联网对中国城市生产性服务业集聚的影响》一文,《经济学(季刊)》,2024 年第 2 期;黄维晨、陆铭、王越的《平台与密度的互补:本地即时电商如何赋能城市生活服务业?》一文,《中国软科学》,2024 年第 2 期。

○ "快反"是快速反应的意思,往往是为直播或电商的小批量订单进行快速生产。这些生产通常由大量工厂和商店聚集在某个区域完成,我们称之为"快反基地"。

（一）"双重中心-外围"格局下的流量城市网络

城市不是孤岛，而是由货流、人流、信息流、消费流等流量串联起来的一张庞大的网。在本书的第二章到第五章，我们将分别通过汽车和手机的定位数据、人口迁移数据、短视频和点赞数据、直播带货订单数据、消费刷卡数据等多维大数据，让大家清楚地看到这张网。当然，流量网络远不止以上几个维度，在我们的其他相关研究中，货流、资金流也同样在编织这张网。随着一体化进程不断推进，城市与城市之间的联系越来越紧密，流量的速度也越来越快。

放眼全国流量，我们很容易就能发现，流量城市网络已经形成由沿海到内陆、由中心城市到外围区域的"双重中心-外围"格局，如彩图1所示。后面的第二章到第五章的货流、人流、信息流和消费流等各维度流量均显示如此。"双重中心-外围"格局的背后，是沿海城市之间更加密切的生产与消费往来、内陆与沿海之间的人口与货物流动，以及中心城市对外围城市巨大的辐射力。

在"双重中心-外围"格局下，我们能够进一步观察到各种流量已经构建起了城市群的网络。这些由联系紧密的城市连接形成的城市群网络，通常由一至两个中心城市辐射带动，整体呈现出"双重中心-外围"格局：沿海地区较为密集，内陆则相对较少，与国家规划的城市群分布相似。但是从产生信息流的博主和主播的跨城流动网络看，那些美誉度和品牌效应更加明显的中心城市如杭州、西安、成都、昆明等,其辐射带动的城市群表现更为突出。

(二) 新技术和新阶段推动流量城市发展

城市属于年轻人,城市的规划和建设不仅要立足现在,还要面向未来。未来两个可以预见的趋势是数字化和服务化,这两个趋势对于流量城市而言,既是推动力,也是带动城市发展的重要力量。

如今,数据已成为重要的生产要素,消费者资产的重要性越来越被各个平台所认识并应用于产品的开发和推广。而城市的集聚和辐射作用,也在助力平台吸引消费者和开发消费者资产。城市的另一个重要发展趋势是服务化。人们,尤其是年轻一代,越来越追求多样化和高品质的消费服务。服务强调体验,强调交流互动,而城市的优势正是方便见面!在这个时代,提升人们见面的便捷度和舒适度变得更加重要。这不仅是创新的动力源泉,如硅巷的崛起(详细案例见专栏4-4),也是吸引人才的重要手段(详见《创新之城:谁在引领强城时代》一书)。通过提升城市的生活品质留住人才,是一种更为普惠的产业政策。现有的研究发现,收入高、受教育水平高、家庭结构小的年轻人,因为看中市中心的消费娱乐设施,正逐渐向市中心聚集居住。

数字化和服务化趋势也相互交融,数字化为服务业赋能,服务业为数字化提供场景。一方面,在数字化的赋能下,服务业得以扩展服务范围，吸引更远距离的流量；同时开始逐渐分化，线上满足大众，线下以更高价格服务目标群体，尤其是注重体验感的群体。另一方面，在服务业的推动下，数字化能够为制造业提供技术改进、产品研发并扩展营销服务能力和物流配送能力，保持制造业城市的流量；同时，线上线下的配合也促使数字技术真正方便了沟通，让创新在咖啡馆里、在视频会议中、在散步的路上迸发，让产品在学术和商业的互动中结果，让项目在资金和技术的交流中落地。

（三）流量分布与全国统一大市场建设

从货流和人流的研究结果来看，中国在地区间，特别是省份之间，仍然存在比较严重的市场分割。

我们的研究结果表明，中国跨省的市场分割好于欧盟跨国的市场分割，但是依然不容小觑，并且劳动力等要素市场分割情况相较于商品市场分割更为严重。其中，制度性因素是造成市场分割的重要原因，高于地理、文化等非制度因素的作用。尤其是当前交通基础设施建设逐渐完善、数字平台持续推进、普通话和义务教育全面推广，已经大幅缓解了地理阻隔和文化差异所造成的非制度性分割。在第三章中，我们对人口流动的研究表明，当省内社保一体化推进较快，而全国一体化进展较慢时，劳动力就更倾向于在省内流动，减少了跨省的流动。

市场分割总体上减少了流量，阻碍了流量城市的建设，也对全国的整体福利造成了损失。比如上面提到的跨省社保一体化的缓慢进程影响了人口流动；地方政府在最大化本地经济总量和税收的目标下保护本地市场的行为，也影响了部分城市的货物流动。但值得一提的是，市场分割在某些方面也增加了不必要的流量。比如大城市的户籍制度，以及与之捆绑的教育、医疗和社保等公共服务，不利于外来人口定居，即使他们有意愿也有能力留下来。这类制度性壁垒增加了一些人口不必要的跨省流动，由此产生的留守儿童和家乡土地闲置等问题又引发了过多的乡愁，体现为不必要的信息流。

数字技术能在一定程度上缓解市场分割问题，比如"周薪薪"这类线上用工平台，就可以通过提高劳动力供求双方的匹配度和效率，缓解跨省的劳动力市场的分割。然而，前面提到的地方保护、户籍制度等诸多问题仍需要制度层面的改革。不同类型的流量会相互影响，障碍因素的作用也会不断累积。人口的制度性障碍使得外来人口难以落户定居，对未来有更强的不安定感，由此更倾向于增加储蓄或跨地汇款，减少在本地的消费，抑制对美好生活的追求，而且下一代的流动儿童或留守儿童也会减少对城市的归属感，最终影响流量城市的建设。

四、流量城市怎么"做"

随着流量城市时代的到来，许多地方开始思考：流量城市可以人为"打造"出来吗？如果可以，又应该如何"打造"？在这里，我们想引用《强城时代》序言里的一段话，这段话也适用于流量城市的建设：

"大的城市并不一定强，小的城市如果找到自己的比较优势，也不一定弱。未来的城市高质量发展，应是大城市要做强，小城市也不要简单地通过做大来逞强。"

（一）找到优势，扬长避短

每个城市都有自己的比较优势，而流量只有基于自己的比较优势，方可持续。上海交通大学的陆铭老师及其团队曾深入研究了中国的经济地理格局和不同地区的比较优势，提出"双重中心-外围"模型，如彩图1所示⊖。对于流量而言，有两点至关重要。

首先需要认识到的是，每个城市都具备独特的优势和潜力，有些优势来自"双重中心-外围"格局下的长期影响。

例如，沿海城市和内陆的中心城市有发展服务业的比较优势，更可能成为消费中心城市，或是结合科技与消费形成如纽约"硅巷"这样的科创中心。在这些城市附近，也是最先得到中心城市辐射的地区，则更可能成为制造业或者物流中心。如果离中心城市很远，想要"引流"就要依靠当地特色的产业。无论是农业还是旅游业，产业越有特色，就越可能吸引到更大范围的人群。如果未充分考虑本地特色而盲目投入建设同质化场景，可能很难获得与投资相匹配的回报。即使意外爆火，

⊖ 具体的内容参见：论文《分工与协调：区域发展的新格局、新理论与新路径》及其相关文章。

"流量"的持续性也堪忧。所以我们会看到一些大城市的普通景点人满为患，相似的景点在偏远的小城市则冷冷清清。即使在同一个地方，具有本地特色的场景也远比千篇一律的仿古街更容易吸引外地游客。

其次，开放、改革、连通和发展，这四种力量将进一步促进经济和流量的集聚，人口流入地和人口流出地也将继续分化。

可能很多人觉得中国人口的集聚程度已经很高了，但实际上，与发达国家相比，中国人口的集聚程度并不高，甚至低于一些发达国家在相同经济发展水平时期的集聚度。可以预见的是，随着人口继续向沿海和中心城市流动，服务业以及相关的信息流、消费流也将更加集中，而人口流出地则需要正确估计未来的人口、特色产业和地理优势。一个城市需要遵循规律，利用自己的比较优势创造并吸引流量。

（二）提前准备，持续积累

比较优势是城市吸引流量的前提和基础，但拥有比较优势不意味着一定能转化成最终的流量，至于留下流量，那就更难了。一些城市始终没有等来流量，而另一些城市则因影视剧或游戏的传播、大平台的转发分享一跃成为网红城市，或者通过引进某个大企业而文名鹊起，然而，只有少数城市能维持流量。获得并且维持流量，除了依靠经济地理或地方特色形成的比较优势，也需要城市自身的积极努力。

流量不是等来的，而是长期积累、在适当时机爆发后持续升级的结果。比如北方某城市的领导曾提到，为了使城市冰雪旅游走红，他们已经基于本地的优势，打造了很多年，也规划了很多年，甚至有些网红的词都是提前想好的。北方另一城市的文旅局领导，在城市走红之后说，他们为了这一天已经努力了快10年，从市集空间、公交专线到迎客理念、酒店管理，城市服务的各方各面都在持续改进。流量来了之后能接住，流量变留量，网红变长红，是系统性的改造和蜕变。而百逛不厌的城市，是一条又一条街道、一栋又一栋建筑、一个又一个故事、一本又一本书、一部又一部剧堆积起来的。

有些流量是可以培育的，但培育时不能仅关注流量本身。产业是关联的，所以产业链的上下游都要重视——喜欢直播，那么看似低端的制造市场作为快反基地和直播的供货源头，可能需要的是建设而不是清理；喜欢创新，那么作为高技能人才配套的生活性服务业从业人员，可能需要的是安家而不是驱赶。消费是有规模经济的，所以方便消费增加体验感就很重要——方便消费，那么城市空间结构和交通基础设施，可能需要的不仅仅是大规模扩张而是紧凑、便捷和舒适；增加体验，那么可能不仅需要包容，还需要因势利导，吸引并创造更加丰富的消费模式和消费场景。线上和线下是互补的，所以推进数字经济的同时，要更加方便见面和创业——需要见面，那么城市可能需要更加紧凑，交通需要更加便捷，从而更加方便见面；需要创业，那么一些低成本的场所可能需要适当保留，多样化的产业和人才需要有容身之地。留住流量，最关键的就是满足人的需求。

（三）拥抱新技术，融入新趋势

流量城市要面向未来。正如前文所说的，城市属于年轻人，城市的规划和建设，不仅要立足现在，还要面向未来。简单来说，就是拥抱新的数字技术，完善新的基础设施，开发新的消费模式。

在信息时代，数字化技术是吸引流量的关键技术，而充分利用数字化技术，则需要更加开放、包容的社会环境和持续的积累。比如说动漫、游戏产业，在传统观念中曾经遭受排斥，但杭州20多年来一直对动漫产业给予持续的包容与支持，这才孕育出众多优秀的动画和游戏。技术的发展和成熟需要积累。武汉、杭州、广州、临沂等几个如今知名的直播中心，都曾经历"线下服装批发—电商—直播"的过渡。

至于新型基础设施，不仅是高铁、高速公路等传统交通基础设施的拓展，也包括推广和完善充电桩的使用、网络服务以及便捷安全且人群友好的支付系统。此外，常常被忽略的还有城市治理。良好的城市治理体现在许多方面，如城市内地铁、公交、汽车、自行车、步行等多种出行方式相互配合的交通协调系统，人性化高质量的服务设施，物流运输的最后一千米协调，以及兼顾活力与宜居的城市管理能力等，都是城市对外的标签，对线上和线下流量都有很大影响。

城市还应积极融入服务业和消费城市的趋势，提供多样化、高质量的服务。对于生产性服务业，应避免将其与制造业对立起来，研发、设计、贸易、物流、传媒、咨询、金融、数据处理等，都是从制造业分离出来并与制造业互补的。实际上，强大的制造业背后往往也有强大的服务业支撑。如果数据允许，我们甚至可以从这些服务业与制造业的互动中观察到密集的人流、信息流和资金流。对于医疗、教育、康养等公共服务，则可以积极拓展，引入更多类型的市场主体，也可以利用平台技术，吸引流量。对于以消费为主的生活性服务业，则要防止将它们与生产性服务业和制造业割裂。城市居民不仅需要生产，也需要生活；城市不仅需要高技能劳动力，也需要低技能劳动力来配合。餐饮、住宿、娱乐等多样化、高质量的消费，不仅有助于解决就业问题，还能留住高技能人才，稳定制造业员工，是一种更加普惠的产业政策。

（四）顺应统一大市场建设

流量源于人与人、企业与企业、城市与城市之间的互动，因此充分发挥流量的作用需要统一大市场。在本书后几章的内容中，我们会发现，无论是货流、人流、信息流还是消费流，都随着距离的增加而衰减，并且形成了以流量为基础的城市群网络。中心城市及其周边的县市是各种流量的重要来源地，第七次人口普查数据显示，已经有48%的人口居住在城市群中心城市周围150千米范围内的区县里。因此，推进都市圈一体化和城市群一体化,对提升各类城市流量均具有重要意义。这就要求加快打通都市圈内轨道交通和公路网络,建设更加发达的各种方式相融合的交通网络,实现政务审批、监管、标准和电子服务的一体化,以增强城市之间的交流,形成更高效合理的分工。

对于人口流出地,顺应统一大市场建设需要中央的协调和激励的调整。从总量产出单一目标过渡到更加注重人均产出和个人幸福感。借助户籍制度和农村土地制度改革大势,积极促进人口、土地等要素的流动。城市只有明确自己在统一大市场中的定位和比较优势,并持续发展,才能实现流量的可持续性。强化必要的领域,减少不必要的干预,形成大中小城市流量各得其所、协调发展的新格局。

最后,我们也想写一点期望。流量并不是越多越好,有些流量反而是制度性障碍的结果。比如人口的迁移流动,或是一些带有"乡愁"的线上流量,正是因为某些制度造成流动人口无法定居和融入城市所产生的。随着统一大市场的持续推进,这些不必要的流量将会逐渐减少。希望在不久的将来,地区间人口和信息的流动不再是为了跨越制度障碍,而是为了实现对美好生活的向往;希望所有流量的增长都来源于更多的产品供给、更丰富的消费选择、更有效的沟通交流和更活跃的创新活动。

第二章
货流：车流串起的城市与统一大市场

- **车流与城市网络**：车流能够很好地反映城市间的经济联系。车流构成的城市网络可以看到明显的城市群。
- **经济活动向心规律**：经济活动的向心流动是普遍规律。不同中心城市的影响力存在巨大差异，地理区位仍是决定性因素。
- **区域市场一体化**：中国省份之间存在较大的市场分割。地理、文化和制度因素都是市场分割的原因，其中制度性壁垒是关键堵点。

城市不是孤岛，而是由货流、人流、信息流等各类资源要素交织而成的巨大的网络。在这个网络里，每个节点都充满活力，每条支线都能讲述故事。其中，货物运输最为直观。货车如同城市的信使，穿梭在每个角落，承载着货物，也承载着城市的心跳。

本章我们将跟随货车的轨迹，探索它们是如何串联起城市间的经济脉络的，从而来揭示统一大市场的秘密。具体包括以下几个方面：

- 车流为什么能代表城市经济网络？
- 中心城市在城市网络中的作用如何？有什么特征？
- 车流网络如何反映市场分割？统一大市场建设的着力点在哪里？

一、城市网络：车流与纽带

（一）车流是城市经济的纽带

谈及"货流"，大多数人脑海中浮现的第一景象往往是公路上川流不息的大卡车。中国有3000万名卡车司机，他们驾驶着这些钢铁巨兽，日夜兼程，穿梭于繁华的都市与宁静的乡村，跨越江河湖海，将形形色色的生活与生产物资送达每一个角落。满载的车厢中可能是新鲜的瓜果蔬菜，几个小时后将出现在另一个城市家庭的餐桌上；可能是网购的日用家电，能够提升居民的生活品质；可能是药物和医疗用品，以最快的速度和最高的运输标准保障生命的安全；也可能是各类工业原料，在工厂间、行业间、地区间加工，延长产业链。

虽然铁路运输、水路运输的占比不断攀升，但公路运输仍是中国最主要的货物流转途径，超过70%的货物通过公路运输完成㊀。根据单次货物运输的重量，公路运输又可进一步分为整

㊀ 根据《2023年交通运输行业发展统计公报》，2023年全国全年完成营业性货运量547.47亿吨，其中公路货运量403.37亿吨，占比73.7%，水路、铁路货运量分别占17.1%和9.2%。

车运输、零担运输和快递运输三类细分市场。整车运输指货物超过3吨、可直接装满一车的情况，一般通过公路直接从出发地"点对点"地运往目的地，这是公路运输最常见的模式，约占63%的市场规模。零担运输和快递运输运送的货物体积相对较小及重量相对较轻，往往是小批量或者按件托运。值得一提的是，装卸费和仓储费在整个货物流转的费用中占比较高。以零担运输为例，从广州到成都运输1吨货物大约是500元左右，但装卸1吨货物的费用根据类别可能要几十到数百元不等，更不必说仓储和保管等相关费用，几乎与运输费用相当⊖。因此，即使是商品量级较小的零担运输和快递运输，也很少发生中途停留换货，只有占比最低的快递运输，才可能在少数几个大型集散中心进行停留。

这样一来，车辆的出发地和目的地就被赋予了现实的经济学含义。每辆行驶中的货车，无论运送的货物品类是什么，都代表着供给与需求的交汇。一个城市发出的车辆越多，说明这个城市更有可能扮演着物资提供方的角色。与之相对，一个城市到达的车辆越多，则说明这个城市的企业和居民存在越大规模的生产和消费需求。当我们把相同时段中所有行驶的车辆根据出发地和目的地进行加总，就能得到每条线路的车流，车流规模越大，代表两个城市之间发生了越多的交易，物资传递越频繁，经济联系也越紧密。

⊖ 据中国物流与采购联合会统计，2023年社会物流总费用为18.2万亿元，其中运输费用为9.8万亿元，保管费用为6.1万亿元，管理费用为2.3万亿元。运输费用占总物流费用的比重仅为54%。

（二）城市间车流与经济网络

中国的路网建设成就举世瞩目。自2013年10月西藏墨脱县正式通车后，中国便已经实现了县县通公路。随后的10年中，公路网络继续以令人惊叹的速度增加密度，提升道路质量。截至2023年年底，中国公路里程数达到543.68万千米，其中高速公路里程数为18.36万千米，而且这些数字还在不断增加。

如果我们把国家比作一个人，大大小小的城市可以当作不同类型的器官，那么路网就是连通不同地区的血管。这些血管可以是主动脉，连接着核心城市；也可以是毛细血管，为乡村提供物质交换的渠道。正如血液循环是维持人体正常生理功能的基础，路网上繁忙的车流也反映着国家的生机与活力，它们不仅承载着货物，也传递着信息，是国家发展不可或缺的生命线。

车流是经济活动的重要指标，这一点我们可以用数据进行证实。通过追踪货车的实时行驶轨迹[1]，我们能够识别全国任意两个城市间包含方向的车流规模。如果把从一个城市出发和到达该地的全年车流量之和作为该城市的车流总规模，我们可以看到这个指标与城市本身的GDP是高度相关的，解释程度甚至超过70%。不仅如此，在时间波动性上，车流变化也与国家经

---

[1] 车流大数据来源于交通运输部车联网平台，该平台收集了所有联网货车在行驶过程中自动定期上传的定位坐标数据。平台中货车数量超过900万辆，占全国重载货车的95%以上。作者与上海评驾科技有限公司合作，通过共同开发的专利算法构建城市间车流大数据。

济波动高度一致。

图2-1描绘了2019年（实心圆）和2020年（空心圆）全国日度车流规模变化的情况。图中我们可以清晰地看到新冠疫情带来的经济冲击，在2020年春节后的50天内，车流规模明显不如2019年同期水平。国家统计局发布的经济数据也与之一致，第一季度国内生产总值同比增长-6.8%，直到第二季度才恢复至3.2%。

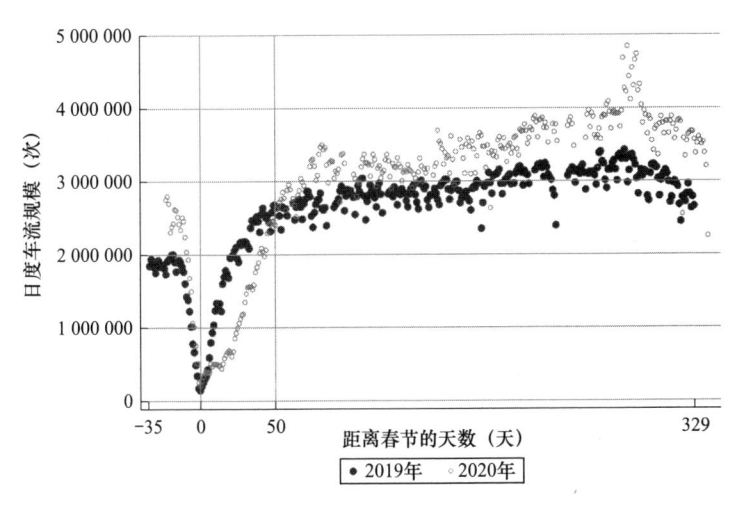

图2-1　2019年和2020年全国日度车流规模变化

资料来源：作者根据原始数据绘制。原始数据来自交通运输部，由上海评驾科技有限公司提供。

那么，哪些城市间的经济联系更为紧密呢？我们在表2-1中列举了2019年货车车流量最高的20个城市对（含方向），这20个城市对大约产生了中国8%的总公路货运量。

表2-1 2019年城市间货车车流规模指数排名前20

排名	出发地	到达地	车流规模指数
1	深圳（珠三角）	东莞（珠三角）	100
2	上海（长三角）	苏州（长三角）	93.74
3	苏州（长三角）	上海（长三角）	86.31
4	广州（珠三角）	佛山（珠三角）	83.92
5	东莞（珠三角）	深圳（珠三角）	82.52
6	唐山（京津冀）	天津（京津冀）	62.96
7	天津（京津冀）	唐山（京津冀）	62.30
8	佛山（珠三角）	广州（珠三角）	57.39
9	苏州（长三角）	无锡（长三角）	51.84
10	东莞（珠三角）	广州（珠三角）	50.19
11	广州（珠三角）	东莞（珠三角）	48.76
12	无锡（长三角）	苏州（长三角）	48.55
13	潍坊（山东半岛）	青岛（山东半岛）	44.58
14	东莞（珠三角）	惠州（珠三角）	44.23
15	天津（京津冀）	北京（京津冀）	42.80
16	廊坊（京津冀）	北京（京津冀）	42.44
17	深圳（珠三角）	惠州（珠三角）	41.68
18	临沂（山东半岛）	日照（山东半岛）	35.43
19	上海（长三角）	舟山（长三角）	35.36
20	上海（长三角）	嘉兴（长三角）	35.07

注：该表用城市间车流量与当年车流规模最大的城市对车流量的比重作为车流规模指数。城市关系包含方向。

资料来源：作者根据原始数据绘制。原始数据来自交通运输部，由上海评驾科技有限公司提供。

在表2-1中，我们发现了一些有趣的事实。

首先，城市经济联系是有方向的。虽然我们看到较高的几对城市关系呈现出你来我往、相互对等的交流模式，比如上海到苏州与苏州到上海的车流规模大致相当，但更多的城市关系在不同方向上表现出悬殊的车流规模差距，比如说天津到北京的车流规模可排在第15位，而其反方向北京到天津的车流规模仅排名第71位。

另外，城市群内部的经济联系更为紧密。表2-1呈列出的前20对城市关系均归属于某个特定的城市群，尤其是长三角、珠三角和京津冀这三个成熟的城市群。长三角地区的经济活动主要集中在上海及其周边的城市，珠三角则集中在深圳、东莞、惠州、广州和佛山这五个城市，而京津冀城市群则稍逊一筹，仍是以北京、天津、唐山沿线为主。

这些现象背后的驱动因素是什么呢？一方面，这与城市自身的特征密切相关，比如说城市是否拥有海港，或者是否拥有特定的优势产业。另一方面，这也与城市间的内在联系相关。

从本质上讲，车流直接反映了商品与生产资料的物质流动，但也同时暗含着信息、资金和技术等无形要素的交流。前面提到，城市的车流规模往往是生产和消费需求的总体表现，但与消费相比，车流所反映的更多是生产关系。当两个城市存在产业链上的分工与合作时，上游生产的产品会被运送到下游进行进一步的加工，这一过程中产业链的联系将转化为更紧密的经济联系，表现为更频繁的车流，比如深圳和东莞之间就存在明显的产业协同（见专栏2-1）。

◎ 专栏2-1

深莞产业协同

深圳和东莞地理相邻，产业互补，形成了良好的地区协同发展关系。深圳作为科技创新的前沿城市，产业转型升级需求迫切，但土地资源紧张；而与其相邻的东莞具备较强的制造业基础，正好能够承接深圳的部分产业转移。两个城市通过具体的企业和项目，实现了产业链的分工合作。深圳的科技资源和研发实力不断向东莞渗透，带动了东莞的产业升级，而东莞的产业结构和产业基础，又支持深圳的产业链、供应链不断完善。

深圳向东莞的产业转移可追溯到20世纪90年代，一开始是为了承接深圳产业转型升级的部分产能，金融危机后出于降本增效的目的，部分内资企业也逐渐向东莞迁移，近几年转移速度有所加快。深莞产业协同主要体现在电子信息、装备制造等技术密集型产业相关领域。许多总部位于深圳的技术密集型企业纷纷在东莞设立生产基地或者第二研发中心，而企业总部、营销、行政等功能仍然留在深圳。比如华为便在与深圳光明科学城接壤的东莞松山湖园区投资建设了华为机器、华为终端、华为大学、华为小镇、华为云数据中心等系列项目，成为深莞产业协同的标志性事件。随着华为研发基地的落地，许多深圳科技企业也将延伸项目嵌入东莞，甚至包括一些大型企业和新兴产业，也逐渐落地东莞。

除了松山湖，东莞的各大产业园区都承接了大量深圳外溢的产业。比如位于东莞塘厦镇的临深新一代电子信息产业基地，就承接了顺络电子等企业的精密电子陶瓷、磁性器件等产品的研发制造。一大批重点产业平台，如天安数码城、京东智谷等，为深莞合作提供了充足的产业空间和相对灵活的优惠政策，从点到链不断推动产业链的高端化发展。如今，深莞之间人口和产业均实现了高效流动，两地的一体化、同城化水平不断增加，共同促进区域经济的高质量发展。

资料来源：作者根据公开资料整理撰写。

当我们将视野扩展到区域乃至全国层面时，城市间密集的车流网络便成为城市经济网络的生动写照。以新能源汽车产业为例，长三角地区的新能源汽车整车厂可以在4小时车程内解决所需配套的全部零部件供应。比如芯片和软件服务来自上海，动力电池来自江苏常州，零部件压铸来自浙江宁波，整车制造来自安徽合肥等。仅G60科创走廊九城市中，新能源产业链上的企业就超过4000家，形成高度协同的产业集群。与此相匹配的，就是长三角城市间频繁的车流往来。

（三）城市经济网络的空间特征

前面我们提到，车流网络可以在一定程度上代表城市经济网络。那么这个城市经济网络有什么样的特征呢？

我们将城市间的货车车流描绘在地图上。为了更清晰地看到城市网络，彩图2中仅描绘年度车流超过3650次的城市间货车行程，并根据车流规模大小进行分级。随着颜色由浅至深（由蓝色到红色再至黑色），线条由细至粗，行驶在该路线的车流规模也是由小到大，所代表的城市间经济联系也越来越紧密。

很明显，绝大多数的车流都集中在胡焕庸线的右边。我们知道，胡焕庸线从黑龙江的黑河一直延伸到云南省的腾冲，是中国人口地理分布的重要分界线。在胡焕庸线的东南方，集中了中国90%以上的人口和经济活动。而在我们所绘制的车流城市网络图中，也能观察到相似的特征。

不仅如此，不同颜色和粗细的线条也让我们更清楚地找到哪些地方的车流联系更为频繁。在这幅车流网络图中，联系强度最高的红色和黑色线段的数量是很少的，它们大多只集中在小范围的区域中，甚至交汇于若干个核心点。这里的小范围区域往往就是一个个的城市群，而交汇点就是城市群的核心城市。比如说图中出现的几处最粗的黑色线段就落在长三角和珠三角区域，这也是城市间经济联系最为紧密的地方，与表2-1的信息一致。

经济活动往往围绕几个区域性中心城市向外辐射发展，形成一个个城市群。如果我们将城市间经济联系根据车流方向进行单边加总，可以评估每个城市作为出发地和作为目的地的不同经济规模能级。综合出发与到达，就能大致了解这个城市在中国城市网络中的位置。表2-2列出了总车流规模排名前20的城市，北京、上海、广州、深圳、成都、天津、杭州等一线和新一线城市均榜上有名。经济活动向心集聚是区域发展的客观规律，这一点我们将在下一节详细讨论。

表2-2　2019年总车流规模排名前20的城市

城市	城市群	总车流规模排名	总车流规模指数	出发车流规模排名	出发车流规模指数	到达车流规模排名	到达车流规模指数
上海	长三角	1	100	1	100	4	98.02
广州	珠三角	2	96.19	2	94.36	5	96.47
苏州	长三角	3	92.25	4	84.21	1	100
东莞	珠三角	4	90.80	5	81.92	2	99.59
天津	京津冀	5	89.59	3	85.19	6	93.06
佛山	珠三角	6	82.21	9	66.89	3	98.84
临沂	山东半岛	7	74.37	7	76.22	10	70.69
深圳	珠三角	8	72.41	8	70.90	9	72.76
唐山	京津冀	9	71.77	10	55.64	7	89.57
石家庄	京津冀	10	65.44	6	76.53	21	50.94
无锡	长三角	11	59.92	14	52.63	13	67.42
潍坊	山东半岛	12	57.66	11	55.13	18	59.53
杭州	长三角	13	56.83	20	46.11	11	68.47
成都	成渝	14	56.26	21	45.64	12	67.81
郑州	中原	15	54.14	23	42.43	14	67.01
北京	京津冀	16	51.77	41	28.99	8	77.88
沧州	京津冀	17	51.12	12	54.57	27	46.01
青岛	山东半岛	18	49.84	31	35.67	15	65.72
保定	京津冀	19	47.98	18	49.88	28	44.77
滨州	山东半岛	20	47.31	22	45.15	25	48.95

注：表中车流规模指数是用该城市对应类别车流量与当年所有城市对应类别车流最大值的比重计算而得。

资料来源：作者根据原始数据绘制。原始数据来自交通运输部，由上海评驾科技有限公司提供。

值得一提的是，货车车流网络的空间格局也与地区的资源禀赋和产业结构密切相关。彩图2中华北地区和山东半岛的平均车流强度相对较高。㊀一方面是因为这里是煤炭、钢铁等大宗商品的主产地，而大宗商品的运输一定会产生更多的车流。另一方面，该地区交通便利，拥有多个大型货物集散地和仓储中心。比如说山东临沂位于京沪高速的"黄金分割点"，拥有2000多条物流专线。它的公路货运物流专线可辐射到全国超过90%的区县。在我们的数据统计中，尽管临沂的经济规模并不大，但它的车流规模可以排在全国前10。㊁

二、中心城市：向心与辐射

（一）经济活动的向心流动

1. 企业选址的经济账

谈到经济流动，就得从经济行为的微观主体，也就是企业说起。

企业选择在哪里发生经济活动往往是很谨慎的，但归根结底，无外乎"降本增效"四个字。"降本"的"本"既包括土地、劳动力等生产要素的投入成本，也包括连通上游供应商和下游客户等其他主体的运输成本；而"增效"则更多体现在扩大市场覆盖范围以及通过技术和管理创新等手段提升生产效率。什么地方需要投入的成本更低、产生的收益更高，企业就更愿意在什么地方落地。

当然，一个城市不可能面面占优。试想一下，如果某个

㊀ 如果我们看客车的车流网络，就不存在华北地区城市间车流强度更高的现象。
㊁ 临沂的人口和面积都居山东首位，但其GDP不足万亿元，仅在山东省内排名第五。

城市既有庞大的市场规模，又有低廉的生产要素价格，那么所有的企业都愿意到这里发展，而对其他地区视而不见，这与现实情况是不相符的。实际上，每个地区都存在向心力和离心力两种力量，二者共同决定企业的最终决策。比如说，在向心力上，市场通道越发达，金融、法律等服务业越完善，分享、匹配和学习的集聚效应越明显，城市对企业的吸引力就越强。然而，这样的城市一般也伴随着高昂的土地租金和员工工资支出，以及相对更为激烈的行业竞争。

从结果上看，大城市的向心力是高于离心力的。在2023年中国新增经营主体数量排名中，北京、上海、广州、深圳、成都、西安等城市的企业增量大幅领先。由此可见，企业仍是更愿意待在经济基础较好的沿海和区域性中心城市的。不仅如此，从贯穿全产业链的生产性服务业来看，它们也往往集中在城市网络最关键的节点城市。如果我们打开全球排名最靠前的金融、会计、咨询、广告和法律五类生产性服务业的跨国公司的官网，找到它们的分支机构所在地，能够发现一些很有意思的事实：首先，不出意外的是，分支机构通常都建立在市场通道较为发达、制度环境较为开放的中心城市，至少也是省会城市或是苏州、常州这类发达城市。对于总部不在中国的跨国公司，或是广告公司、律师事务所这类服务半径相对较大的机构，全球分支机构数量相对更少，其所在地也更多是一些国际大都市，比如北京和上海。可以说，城市能级越高，吸引的企业数量越多，企业及其上下游的关联又进一步强化了城市在整个经济网络中的能级。

依托企业之间、企业和最终消费者之间的生产和消费网络，我们就不难理解为什么经济规模更大的节点城市总是与其他城市有着更为紧密的联系。换而言之，经济行为不仅集聚在沿海大城市和区域中心城市，经济活动也不断向这些城市流动。

2. 从数据看中心城市的重要性

向心流动是人口和经济活动空间变化的客观规律。作为"向心流动"的目的地，中心城市在区域乃至全国范围内能起到多大的作用？我们可以用数据来回答这一问题。

首先，我们来看看省域范围内中心城市的重要性。我们将省会城市和计划单列市作为所属省份的中心城市，这样就能从车流规模占比简单看各省份㊀对中心城市的依赖度了。由于经济发展水平不同，各省份的总车流规模也大相径庭。㊁从图2-2中，我们可以很明显地看到广东和山东两个省，内部经济联系规模是最大的。但如果从向心率来看呢？结果就完全不同了。尤其是山东省，济南和青岛在省内经济网络的重要性甚至不及全国平均水平。不过，即使在强市众多、省会依赖度最低的江苏省，南京与省内其他城市的经济联系也接近全省经济联系总量的20%。不仅如此，全国范围内，甚至有相当数量的省份对

㊀ 此处省份为除了海南省外的其他内陆省及自治区，不含直辖市和港澳台地区。

㊁ 当然，简单以省份内车流占比来看中心城市的重要性是有缺陷的。比如省份内存在多个中心城市的（省会城市和计划单列市），可能会高估向心车流占比；与之相对，如江苏省内的部分经济强市，实质上已经扮演区域内中心城市的角色，却未被认定为"中心城市"，这可能会低估区域对中心城市的依赖度。另外，一些中心城市的辐射范围远超省级行政区，这也可能造成省份内向心程度的低估。

中心城市的依赖度超过了50%，这也进一步说明了中心城市对汇集区域经济活动的重要作用。

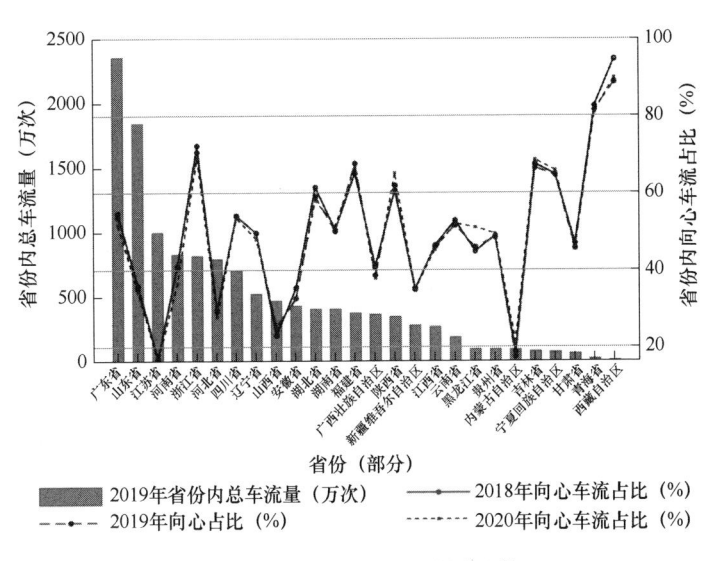

图2-2　各省份向心车流规模占比情况

注：图中不包含四个直辖市、海南省以及港澳台地区。"省份内向心车流"指的是该省份内部以省会城市或是计划单列市为起点或终点的车流总规模。"省份内向心车流占比"指的是省份内向心车流占全省总车流规模的比重。
资料来源：作者根据原始数据绘制。原始数据来自交通运输部，由上海评驾科技有限公司提供。

进一步地，如果我们不考虑区域范围，只关注中国最重要的几个中心城市，也同样能印证其在城市经济网络中的重要性。当前，中国的国家中心城市共有9个，分别是北京、天津、上海、广州、重庆、成都、武汉、郑州和西安，它们在经济、文化、科技和交通等方面均起到关键枢纽作用。图2-3特别关注了这9个国家中心城市，可以看到，上海是名副其实的第一位，仅一城占全国车流规模的比重就超过3%。紧随其后的是广州和天津这两大港口城市，凭借其强大的内外贸易连通能力进一步巩固了它们在经济网络中的地位。即使是车流规模相对较小的重庆，其在全国的占比也超过了1%。这9个城市的车流规模总和接近全国的20%，这也表明，经济活动和资源配置明显倾向于向这些中心城市集中。这种集聚效应不仅促进了中心城市的繁荣，也对周边地区产生了积极的辐射作用。

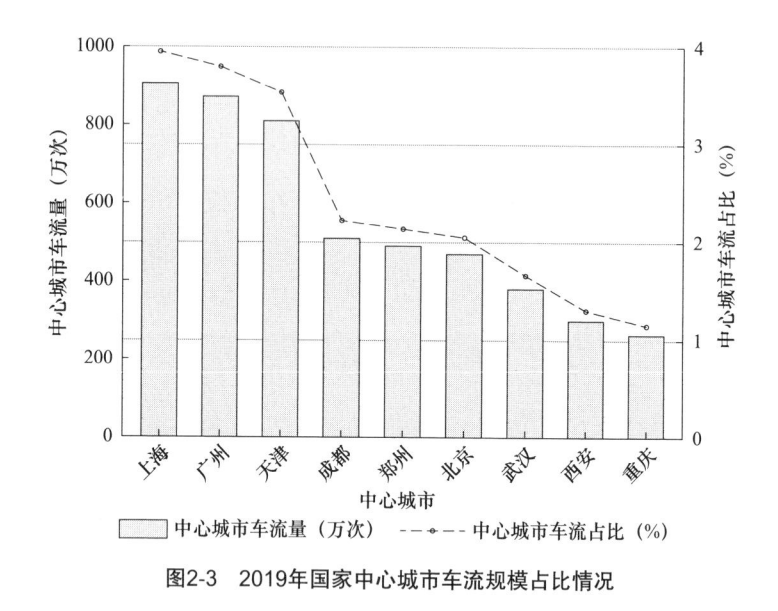

图2-3 2019年国家中心城市车流规模占比情况

注：中心城市车流是指从这个国家中心城市出发和到达该中心城市的车流总规模。
中心城市车流占比是指中心城市车流总规模占全国车流总规模的比重。
资料来源：作者根据原始数据绘制。原始数据来自交通运输部，由上海评驾科技有限公司提供。

还是看这几个国家中心城市。我们计算每个城市与其最近的国家中心城市的距离，比如说离无锡最近的中心城市是上海，离长沙最近的中心城市是武汉等。我们想知道这些中心城市是否真的发挥了辐射带动作用？图2-4展示了各城市到九大国家中心城市的最短距离与城市自身车流规模的相关性。很明显，区位的作用仍然是显著的，离区域性中心城市越近，城市越能享受到中心城市的辐射，自身的经济发展情况也越好。

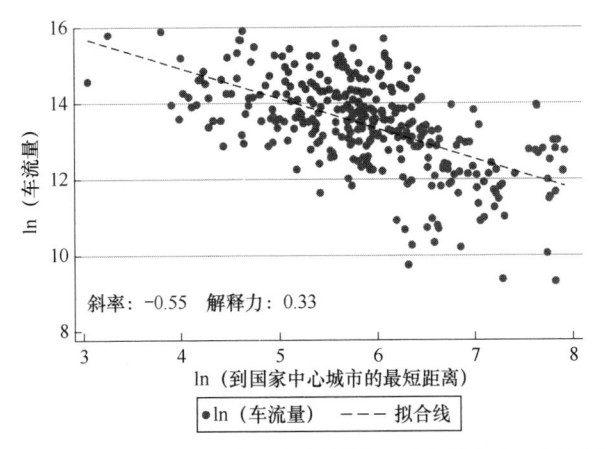

图2-4 各城市到九大国家中心城市的最短距离与城市自身车流规模

注：图中基于2019年车流大数据，其中纵轴表示城市出发和到达的总车流规模的对数，横轴表示该城市到最近的国家级中心城市（北京、天津、上海、广州、重庆、武汉、成都、郑州、西安）地理距离的对数。

资料来源：作者根据原始数据绘制。原始数据来自交通运输部，由上海评驾科技有限公司提供。

（二）中心城市的影响力

中心城市在推动区域协调发展中扮演着核心角色：一方面

集聚各类资源，更好地发挥规模效应；另一方面也通过产业分工与合作，强化、深化中心城市的对外联系，对周边地区起到辐射带动作用。

然而，中心城市的作用并不是一致的。实际上，受到地理区位、行政等级、交通网络以及产业结构等多方面影响，不同中心城市的经济辐射力有很大差异。比如，上海作为连接国内市场与海外市场的国际大都市，是全球重要的经济、金融、贸易、航运以及科创中心，许多跨国公司的区域总部都选择落地上海，在国内市场中，上海的影响力也远超过长三角的范围。与之相比，位于中西部战略要地的西安，虽然也是重要的区域性中心城市，但无论是出行网络，还是产业体系，西安与周边城市的联系都相对没那么紧密。

1. 不同城市的"中心度"

我们采用地理学的网络分析方法评估各个中心城市的"中心度"。简单来说，我们通过车流网络中每个城市对外连接数量和强度，根据经济流动的方向分别计算城市的出度中心度和入度中心度。中心度越高，说明这个城市对外部资源的集聚能力以及对外的辐射能力都相对越大，这也意味着它在城市网络中扮演越为关键的角色。

表2-3按城市车流规模排名列出了中国各省会城市和计划单列市的中心度水平。很明显，我们所熟知的上海、广州、天津等城市名列前茅，东部沿海地区、成熟城市群的核心城市以及

国家中心城市的排名都相对靠前。

表2-3 重点城市的车流网络中心度

城市	省份	城市类型	总车流规模排名	出度中心度	入度中心度
上海	上海市	国家中心城市	1	1.00	0.98
广州	广东省	国家中心城市	2	0.94	0.96
天津	天津市	国家中心城市	5	0.85	0.93
深圳	广东省	计划单列市	8	0.71	0.73
石家庄	河北省		10	0.77	0.51
杭州	浙江省		13	0.46	0.68
成都	四川省	国家中心城市	14	0.46	0.68
郑州	河南省	国家中心城市	15	0.42	0.67
北京	北京市	国家中心城市	16	0.29	0.78
青岛	山东省	计划单列市	18	0.36	0.66
宁波	浙江省	计划单列市	23	0.52	0.40
济南	山东省		28	0.34	0.54
武汉	湖北省	国家中心城市	29	0.35	0.49
南京	江苏省		35	0.32	0.42
长沙	湖南省		41	0.27	0.43
西安	陕西省	国家中心城市	42	0.26	0.41
沈阳	辽宁省		44	0.25	0.39
重庆	重庆市	国家中心城市	50	0.26	0.32
合肥	安徽省		56	0.21	0.30

（续）

城市	省份	城市类型	总车流规模排名	出度中心度	入度中心度
厦门	福建省	计划单列市	69	0.26	0.16
南宁	广西壮族自治区		73	0.16	0.26
南昌	江西省		78	0.14	0.25
太原	山西省		85	0.17	0.19
昆明	云南省		102	0.13	0.19
福州	福建省		109	0.14	0.15
长春	吉林省		118	0.11	0.15
乌鲁木齐	新疆维吾尔自治区		121	0.10	0.15
银川	宁夏回族自治区		129	0.10	0.13
大连	辽宁省	计划单列市	131	0.10	0.13
哈尔滨	黑龙江省		135	0.10	0.13
贵阳	贵州省		175	0.06	0.11
兰州	甘肃省		190	0.05	0.10
呼和浩特	内蒙古自治区		213	0.04	0.08
西宁	青海省		241	0.04	0.06
拉萨	西藏自治区		299	0.02	0.02

注：表中车流网络中心度基于2019年车流大数据计算而得，出度中心度和入度中心度均根据城市间单边车流规模进行强度加权。

资料来源：作者根据原始数据绘制。原始数据来自交通运输部，由上海评驾科技有限公司提供。

然而，中心城市之间的差距也非常明显。如果说上海、广州在中国城市网络中处于绝对核心地位,那么贵阳、兰州、呼和浩特、西宁和拉萨的作用就相对较弱了。尽管这些城市也算是区域性中心城市,对其周边地区仍能起到一定程度的引领作用,但在全国网络中的地位甚至比不上一些东部地区的普通城市。

不仅如此,从方向上也可看出不同城市的发展侧重点,是聚焦内向型经济,如通过吸引外部资源推动本地发展,还是发展外向型经济,如通过对外贸易和投资扩大自己的经济影响力。通常情况下,这两种经济类型是并行发展的,大多数城市的出度中心度和入度中心度之间的差异并不大,说明它们在吸引资源和辐射影响力方面相对均衡。然而,也有部分城市表现出较为明显的偏好。比如北京,北京的总车流规模排名不算特别靠前,仅排在全国第16位,究其原因可能在经济对外辐射不足上。如果我们把出度中心度用来评估城市的对外辐射力,把入度中心度用来评估城市的资源吸引力,那么北京的辐射力(出度中心度为0.29)远小于它对其他地区各类资源的吸引力(入度中心度为0.78),表现出明显的偏向性。

2. 城市的影响能级与影响范围

除了比较城市的吸引力和辐射力,我们也可以从影响范围和影响能级对中心城市的综合影响力进行分解。简单来说,我们先计算每一个城市到一个区域中心城市的总货运车流(包括流向中心城市和从中心城市流出的双边车流),然后根据这个城市到区域中心城市的距离画成一张二维的图。为了直观比较，我们选了4个典型中心城市（北京、上海、广州、西安），将它们的"车流-距离"关系描绘在图2-5中。

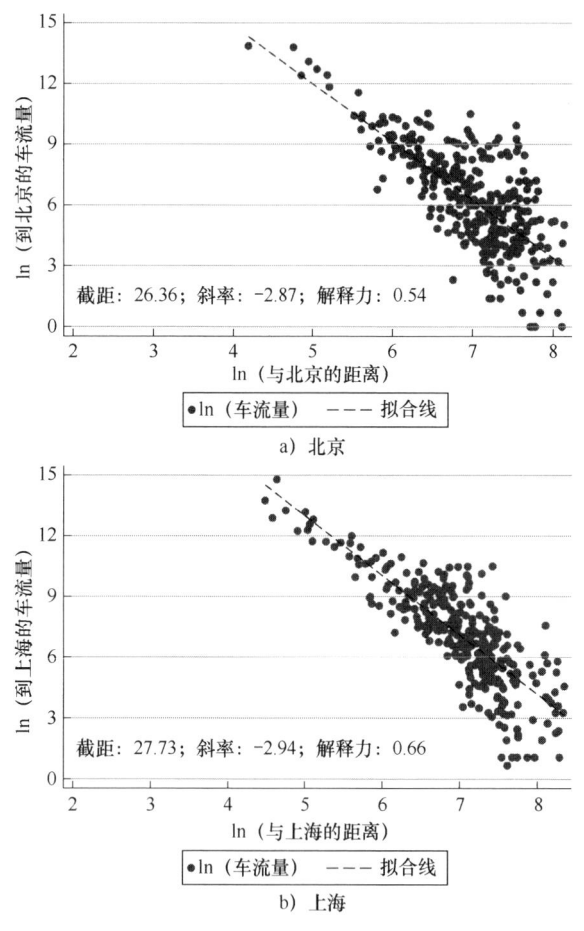

截距：26.36；斜率：-2.87；解释力：0.54

a）北京

截距：27.73；斜率：-2.94；解释力：0.66

b）上海

图2-5 典型中心城市的影响力

c) 广州

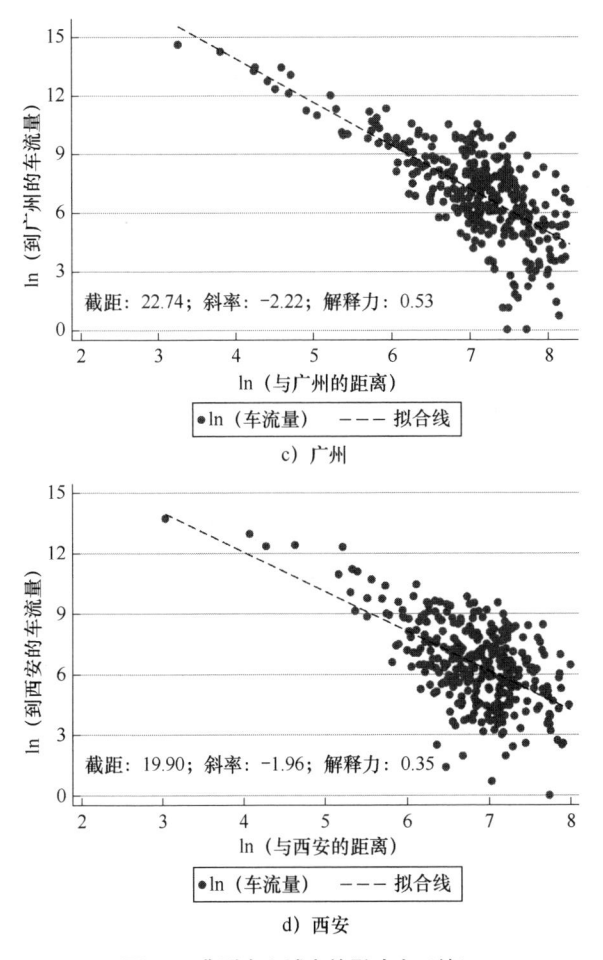

截距: 22.74; 斜率: -2.22; 解释力: 0.53

d) 西安

截距: 19.90; 斜率: -1.96; 解释力: 0.35

图2-5 典型中心城市的影响力（续）

注：样本期间为2019年。横轴表示城市到北京、上海、广州和西安这四个中心城市距离的对数，纵轴表示该城市与这四个中心城市的年度总车流规模的对数。每张图底下均标注了该图的截距、斜率和距离单变量回归的拟合优度，分别代表该城市的经济体量、随距离增加的衰减程度，以及地理距离对经济联系的解释力度。

资料来源：作者根据原始数据绘制。原始数据来自交通运输部，由上海评驾科技有限公司提供。

从图中我们再一次看到，距离的作用是强大的！如果我们用距离的拟合线对散点做评估，即使是最分散的西安，距离对双边城市货运联系的解释力也超过35%，而其他几个城市中距离的解释力度更是超过了50%。所以说，虽然当前道路建设和现代化交通工具的应用已经非常广泛了，城市间的运输成本大幅下降，但距离仍是影响地区间社会经济联系的最重要的因素。

当然，这几个中心城市对其他周边城市的影响力仍存在一些微小的差别。比如，北京和上海的人口和经济总量都非常大，所以靠近这两个中心城市的地方，与这两个城市的货运联系也很大。我们可以用截距项来表示中心城市的能级，能级越高，这个中心城市对外吸引和辐射的能力就越强。

另一个评价指标是中心城市的影响范围。前面提到，所有的城市间联系都会随着距离而不断减弱。那么给定中心城市的能级，距离衰减程度越快，意味着这个城市的影响范围越小。在图2-5中，广州的经济体量（可由截距项大致表示）略低于北京和上海，说明它对周边地区的带动潜力可能不及这两个城市，但广州的影响力随距离衰减程度更慢，它所辐射的实际范围是能够比肩上海的。

采用相似的方法，我们对九大国家中心城市的对外影响能级及其影响力随距离的衰减速度进行了评估。如表2-4所示，总体而言，不同中心城市的确表现出差异化的特征。上海等城市拥有较高的辐射潜力，但它们的影响力随距离的增加较快减弱，这表明这些城市在与较远地区深化经济联系方面还有提升空间。与此同时,西安、成都等城市虽然已经是中心城市,但与沿海地区的中心城市相比,它们的影响力仍存在一定差距。

表2-4 九大国家中心城市的影响力

城市	距离衰减程度(斜率)	中心能级(截距)
上海	-2.94	27.73
天津	-2.94	27.39
北京	-2.87	26.37
武汉	-2.56	23.95
广州	-2.22	22.74
郑州	-2.21	22.04
重庆	-2.13	21.73
西安	-1.96	19.90
成都	-1.79	19.83

资料来源:作者根据原始数据绘制。原始数据来自交通运输部,由上海评驾科技有限公司提供。

(三)塑造中心城市的关键因素

在探讨中心城市的影响力时,我们不禁要问,是什么塑造了这些城市的魅力和力量?为什么不同中心城市会有如此大的差距?实际上,中心城市的影响力是一个复杂而多维的概念,它不仅与城市本身相关,如城市的地理区位特征、市场通道发达程度等,也涉及中心城市与周边地区的协调发展。

1. 地理区位的决定性作用

地理条件仍是决定中心城市吸引力和辐射力的关键因素。在农耕时代,人们通常以自给自足为主,物资的交换要么依托内河，要么依托大道，几乎不参与海外市场。因此，在那个时代，平坦的地形、充足的水资源以及陆路或河流的交汇地更容易形成城市。我们看历史上几个重要的城市，比如黄河流域的西安和洛阳，长江流域的扬州和苏州等，无不拥有优越的地理条件和相对发达的交通网络。

随着船舶技术的发展，人们开始探索海洋。早期以市场拓展为主要目的，在满足国内需求的基础上开拓海外市场进行贸易，比如广州、泉州、宁波等城市都是中国古代"海上丝绸之路"的重要港口。近年来，中国对外开放程度不断提升，深度参与全球分工，以出口为导向的制造业成为经济发展的重要驱动力。由于水运是成本最低的运输方式，在国际贸易中，拥有高运力的河港和海港的城市无疑具备更大的发展优势。自2001年中国加入WTO后，沿海地区发展更加迅速。类似地，从全球视角来看（比如看夜间灯光图），各国沿海地区的经济发展也相对更好一些。

有人可能会问，现在不是更加强调内循环吗？而且，即便是对外贸易，"一带一路"倡议也已经取得了显著的成就，那么沿海地区还重要吗？确实，近年来受地缘政治的影响，国际关系日趋紧张，不确定性与日俱增，各国都更加强调经济本地化和区域化发展。然而，即使我们越来越重视国内统一大市场的建设，也不意味着我们要放弃海外市场，而是应该构建国内国际双循环相互促进的新发展格局。在当前的国际关系背景下，"一带一路"倡议确实为中国带来了新的贸易伙伴，增强了中国与世界各国的陆上联系。但是，只要全球化仍是世界经济的长期发展趋势，只要水运仍是最经济的运输方式，那么以港口为核心的经济辐射模式就不会有根本性的改变。更何况，我们还在积极推进更高水平的对外开放。这意味着，沿海地区仍然拥有巨大的发展潜力和影响力。

又有人要问，随着技术进步和产业升级，制造业正在向内陆地区转移，那么港口对于城市而言是否还有那么大的作用？大家需要认识到，城市的发展是存在路径依赖的。在贸易蓬勃发展的时代所集聚的人才、物资和产业资源，由于规模报酬递增，经济活动会继续向沿海港口的方向流动。即使在产业转型之后，创新产业和服务业成为新的驱动力，只要国际贸易的大格局不变，城市发展的逻辑不变，那么服务业的空间布局也不会发生大的变化。比如，纽约、伦敦等全球顶级城市，目前在全球网络中扮演着金融中心和创新创意中心等角色，但这些城市在历史上都是大港口，几十年间积累了大量的资本、人才和技术。再比如上海，即使在今天，贸易本身也仍是上海"五个中心"建设方向之一。

因此，我们可以看到一个事实，距离沿海大港口越近的中心城市，城市能级和影响力都相应越大。这一点，我们也可以用车流数据直接观察到。图2-6描绘了每个城市到深圳、上海和天津三大港口城市的最近距离与城市自身车流规模的关系。我们可以很明显地看到二者呈现负相关关系，到三大港口城市的距离越远，城市的车流规模也相对越小。换而言之，到三大港口城市的距离仍然是重要的，仅这一个变量就可以解释44%的车流规模。如果我们把车流规模替换为城市的GDP，也能得出相似的结论，到沿海三大港口城市的距离可以解释城市之间GDP差异的近40%[1]。

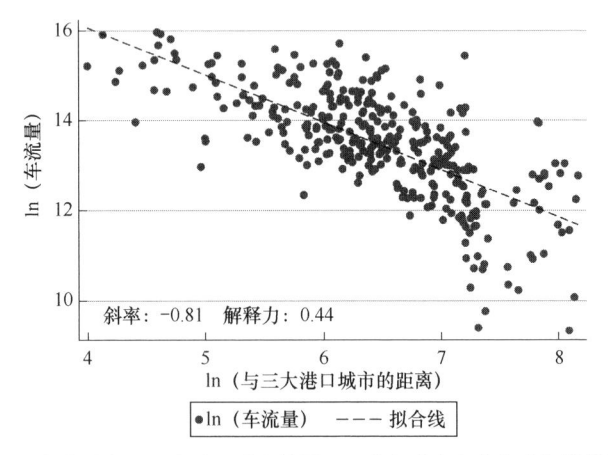

图2-6 每个城市到三大港口城市的最近距离与城市自身车流规模的关系

注：图中基于2019年车流大数据，其中纵轴表示城市出发和到达的总车流规模的对数值，横轴表示该城市到最近的三大港口城市（深圳、上海和天津）地理距离的对数值。

资料来源：作者根据原始数据绘制。原始数据来自交通运输部，由上海评驾科技有限公司提供。

如果我们聚焦中心城市，到大港口的距离也同样影响中心城市的吸引力和辐射力。上一小节中，我们根据每个中心城市出发和到达的车流联系，通过简单的截距和斜率分析大致识别

---

[1] 参见：陆铭、李鹏飞、钟辉勇的《发展与平衡的新时代——新中国70年的空间政治经济学》一文，《管理世界》，2019年第10期第11～23页。

了中心城市的影响力。当然，这只是一个相对粗糙的分析，斜率和截距是存在相关性的，一般来说，较高能级的城市往往与最为临近城市的经济联系极为紧密，表现出同城化趋势，但随着距离的增加，经济联系会迅速下降，反而表现出更快的衰减速率。那么，对于辐射能量随距离衰减程度相当的中心城市，如果它的自身能量规模更大，那么我们就比较有信心说这个城市的影响力更强。根据这个逻辑，我们发现，距离三大港口城市越近的中心城市，它的辐射能力也是越强的。

2. 城市特征与区域协同的作用

除了地理条件，一些城市独特的优势特征同样对城市的能级和辐射力产生重要影响。比如城市的创新能力，在当前以创新为驱动力的经济发展时代尤为关键，谁拥有更强的科技创新环境，谁的竞争潜力就更大。再比如城市治理水平，包括城市管理的效率、透明度以及对环境、公共安全等问题的处理能力，这些都直接影响城市的对外形象和吸引力。一个治理能力强的城市能够提供更优质的公共服务，从而吸引更多人才和投资。同时，城市的文化魅力等软实力也是提升城市知名度和吸引力的重要因素。当资本、人才等生产要素在此集聚时，中心城市便能在规模效应和产业分工合作的推动下，对外产生经济辐射。

当然，如果中心城市想要更好地发挥规模效应，带动周边地区经济增长，不仅要求城市自身具备较高的经济能级，也与中心城市和周边的协调发展程度息息相关。比如，在一定范围内，中心城市能够调动各类资源的能力。我们发现，中心度越高的城市，往往对区域资源的配置能力也相对越强。那么，中心城市为什么能够吸引其他地区的资源呢？

一方面是中心城市与其他城市在产业上形成了更为紧密的合作关系。城市之间的产业结构越互补，这意味着它们越可以在产业链的不同环节进行合作，越可以增强中心城市的辐射力和整个区域的竞争力。我们通过工商企业注册数据，结合全国投入产出表，计算了每对城市间的产业联系紧密度，紧密度越高，表明两个城市的产业结构越互补，或者说存在越明显的产业链协同。结果表明，无论是以不同行业企业注册资本定义的产业关联，还是以不同行业企业数量来定义的产业关联，都能得出相对一致的结论：产业关联越紧密，中心城市的辐射力越强。

另一方面，良好的政府间关系同样重要。中心城市与周边地区在税收政策、产业政策、公共服务政策等方面的协调性，以及在共同市场、基础设施建设等方面的共同努力，也同样会提升中心城市的对外影响力。比如，长三角、粤港澳等发展成熟的城市群中，区域协同水平较高，商品和要素流动的各类障碍相对较小，中心城市能够发挥更强的规模效应，对其他地区的辐射力也更强。这一点我们会在下一节详细讨论。

三、统一大市场：分割与整合

（一）各种各样的"市场分割"

谈到"市场分割"，很多人可能不是特别熟悉。市场这么虚无缥缈的东西怎么被分割呢？它又会对我们的生产生活产生什么影响呢？我们可以从它的反面，即市场一体化来理解。从字面意义来说，市场一体化就是地区之间不分你我，各类产品和生产要素能够在地区间自由流动的市场状态。那么与之相对，市场分割就表示存在某些形式的市场壁垒降低了区域之间的连通度，阻碍了资源的自由配置。

造成市场分割的"壁垒"可能是有形的，比如山川河流、地形地貌。众所周知，中国的地形复杂多样，山区面积占比超过60%，同时水网密布，流域面积超过1000平方千米的河流有2221条。山川河流等自然地理屏障会天然地阻隔两个地区的交流（如专栏2-2所示，在深中通道建设前，深圳和中山需要绕路5倍距离才能到达）。历史上，西南地区地形险峻、交通不便，虽然秦汉时期便已设立郡县，但其与中原地带的经济和政治联系都相对薄弱。简单来讲，运输距离和运输成本是息息相关的，长途运输需要消耗更多的油量、人力，也可能面对各类不确定风险。当地区间存在大山、大河等自然屏障时，要么需要走更陡峭的山路，要么需要绕路，这都会额外增加前往其他地区的难度。如果没有合适的连通条件或工具，就会形成完全分割的市场。

◎专栏2-2

深中通道打破地理分割

2024年6月，连接深圳与中山的世界级超级工程深中通道正式通车。深中通道总投资约400多亿元，建设周期长达7年，采用"东隧西桥"方案，是全球首个集"桥、岛、隧、水下互通"为一体的跨海集群工程。建设过程中攻克了多项世界级技术难题，也创造了多项世界纪录，如世界最长的双向八车道海底沉管隧道、世界最高通航净空海中大桥等。

深圳与中山直线距离仅20多千米，但在深中通道建成前，需要绕行虎门大桥，两地实际交通距离超过100千米，物流和时间成本都很高。因此，此前两地的经济联系相对有限。深中通道通车后，深圳至中山的车程从2小时缩短至30分钟，极大地促进了两地的经济联系和产业协同。据统计，通车100天内，深中通道的总车流约890万车次，国庆期间仅10月1日的车流就高达15.5万车次，利用率极高。

深中通道的建成对深圳和中山的产业布局优化和产业协同也起到了积极作用。在建造过程中，一些深圳的企业就已经提前前往中山规划和建设分支机构。其中一个典型的例子就是新益昌公司。总部位于深圳的新益昌在LED固晶机和电容器相关领域具有全球领先地位。为了更好地利用深圳的人才资源和中山的制造优势及土地成本优势，2017年深中通道动工后几个月，新益昌便在中山成立了子公司，并于2022年正式将生产基地搬到中山，同时在深圳保留研发团队。深中通道通车后，两地快速的要素流动也推动新益昌等企业实现更高效的产业链协同，有利于提升企业的竞争力，对两地经济增长也具有积极作用。

资料来源：作者根据调研及公开资料整理。

除了天然的地理屏障,地区间也存在"无形"的市场壁垒,比如文化观念的差异。语言文化会塑造人们的行为方式和偏好,而人们又往往更加认同与自身环境相似的事物。在中国广袤的土地上,"南北差异""地域差异"是很明显的,也常常引出各种争论。比如说肉粽子还是米粽子、甜豆花还是咸豆花等,不同地域的居民总是有各自的偏好。饮食文化的差异也会反映在市场上,在网购还不是很普及的时候,即使在端午节,北方地区也很难买到咸肉粽。作者十几年前在北京上大学时,食堂就只卖纯米粽子或是红豆、豆沙馅的粽子。

语言体系的差异也能在一定程度上解释现有的市场分割。这在跨国交流中特别明显,比如欧洲近几十年从贸易一体化到货币一体化,不断加强经济联盟,但国家之间的语言和文化障碍仍然难以消除。类似地,中国地区之间的方言以及方言所代表的地域性文化也在一定程度上阻碍了地区间交流。虽然普通话已经得到全面普及且语言文化差异的影响更多体现在服务行业中,但不可否认,企业在信息搜寻、商务谈判和合约建立等过程中,仍或多或少受到语言和文化的影响,更倾向于与同地域或熟人完成交易。

再就是观念上的障碍。我们在长期农业社会和计划经济时期形成的一些发展观念,其实也不利于市场的统一。比如,对"平衡发展"与"均匀发展"两个概念的混淆。前者追求的是人均意义的地区平衡,而非后者在经济总量上的均等。如果以"均匀发展"为目标,那么每个地方都希望留住更多的人口,发展能够更快创造经济价值的产业，而忽略了地区的比较优势，这反而会造成效率损失。

这些观念实际上也影响了政策的制定。当地方的目标与市场规律相违背时，就会出现我们常说的以行政干预为主要手段的地方保护。实际上，这已经是大家最为关注的也急需解决的制约市场一体化的障碍了。制度性障碍普遍存在于商品市场和劳动力、资本、土地等要素市场中。有的地方政府出于最大化本地经济规模与税收的意愿，通过行政手段大量干预本该由市场来主导的资源配置，人为地设置商品与要素进出壁垒。比如在商品市场上，某些产品只允许销售本地品牌，或是给外地企业设定更高的进入门槛。最常见的就是烟酒品牌的本地化，因为烟酒的财政贡献较高，以卷烟为例，调拨价大于每条70元的品类消费税率高达56%，即使地方只能留下较小比例，也是地方重要的税收来源。因此我们可以看到大多地方都有本地的烟酒品牌，如河北钻石、浙江利群、湖北黄鹤楼、湖南芙蓉王等香烟品牌，安徽口子窖、山东泰山特曲、江西四特酒等酒类品牌。

在要素市场也是类似的，甚至其面对的制度性障碍更为严重。劳动力、土地和资本三大要素的配置，都受到较为严格的制度性制约。对于劳动力，户籍制度依然作用于特大城市和超大城市中，社会保障全国一体化和公共服务均等化仍未完全实现，这些都会阻碍劳动力自由流动。对于土地要素，当前中国各地区的城市土地开发仍根据中央设定的指标统一配置，最终得到的配额与地区发展实际需求有时会出现不匹配的现象，一些人口流入地所获建设用地指标短缺的同时，另一些人口流出地可能出现指标富余和已经开发的建设用地的闲置。对于资本，在实际的投资中，由于政府可能对特定产业和企业存在倾向性政策，资金未必会有效地流入投资回报最高的地方或部门，反而可能出现"僵尸企业"低效占用大量金融资源等问题。

自然地理、文化观念以及各类行政制度都是产生市场壁垒的重要原因。在多种因素的作用下，区域经济更像是一个个相对独立的小循环，商品和要素更多地在区域内部流动和配置。虽然从区域本身来看，一定程度的市场分割可能是一种主动的分工占优策略，在发展初期先保护企业成长起来再参与竞争，以实现经济发展，但这种方式只能实现短期、局部和单维的经济增长，对于整个国家而言，分割的市场并不利于商品和生产要素向效率高的地区集聚，大国的规模红利很难被充分发挥出来。因此，近年来，国家越来越重视市场一体化。2022年重磅文件《中共中央国务院关于加快建设全国统一大市场的意见》的初衷便是打破当前的地方保护和市场分割，打通制约经济循环的关键堵点，促进商品要素资源在更大范围内畅通流动，以建成高效规范、公平竞争、充分开放的全国统一大市场。

（二）车流网络可以反映"市场分割"

建设全国统一大市场，要求打破当前的地方保护和市场分割，打通制约经济循环的关键堵点，而打破分割、打通堵点的首要任务是找到堵点在哪里，估计堵点有多深。我们已经知道，自然地理屏障、文化观念差异和一些干预性的行政制度会阻碍商品和要素的跨区自由流动，不利于统一大市场的形成。那么，它们对市场一体化的影响有多大呢？我们可以用货车车流大数据进行评估。

车流规模与经济高度相关，这不仅体现在总量规模上，在空间上也与中国的人口和经济活动分布基本一致，因此可以很好地度量两地间的经济联系。我们主要通过引力模型进行估计。引力模型最早是源于物理学的万有引力定律，即任意两个物体都存在相互吸引力，其作用力大小与两个物体的质量成正比，与两个物体之间的距离成反比。地区间贸易中也与之类似，两个地区的经济往来规模（贸易流量）也与各自的经济规模正相关，与地区间距离负相关。在这个规律的基础上，我们可以分析各类因素对地区间贸易流量的影响。比如说，我们假设有两对城市，每对城市间的距离相等且双边城市特征都彼此相似，如果其中一对城市之间道路平坦，而另一对城市之间却存在难以逾越的山川河流，那么这两对城市之间经济联系的差距大概就可以归因于地理屏障的阻隔。

因此，对于前面提到的地理、文化和制度三类主要障碍，我们都可以采取类似的方式进行估计。在自然地理屏障的度量上，我们一方面通过地图识别，看看两地间是否存在大山大河；另一方面也基于百度地图API平台获取任意两地的最短驾驶距离，通过驾驶距离与直线距离的比值构建两地间地理分割指数，分割指数越大，意味着两地绕路情况越严重，而这大概率是受到地形地貌条件影响的。在度量文化差异上，我们采用文献中常用的方言相似度进行衡量。我们可以这样理解，如果两个地方讲同一种方言，在历史的长河中，地方性思想和文化就更容易被理解和传播，这两个地方也更可能具有相似的文化习俗。所以我们可以看到，北方的两个城市可能有着差不多的习俗，但是在南方的两个城市，即使相隔的地理距离与北方的两个城市相同，由于迥异的方言，文化习俗也会有比较大的差异。最后是最为抽象的制度性障碍。它并不是单纯指某一个具体政策，比如行业的准入门槛、企业的税收优惠等，而是对行政管辖范围内的政策偏袒。在中国，省级行政区的权力仅次于中央，对于省内的产业规划、资源分配都有较大的自主权。因此，跨越省际边界很可能需要适应不同的政策环境，增加额外的交易成本，我们也可以利用这一特征来评估省级行政力量对地区间经济联系的影响大小。

接下来我们就可以利用细颗粒度的车流大数据来评估自然地理屏障、文化差异和制度干预这几个统一大市场关键堵点的影响程度了。当然，准确评估障碍的大小需要科学复杂的计量模型，我们在这里先用简单的几张图展示一下模型的结果。在图2-7中，我们把所有城市对根据不同标准分为几类：一类是受到某种潜在障碍影响的组别，比如说两地之间存在大山大河，或者讲不一样的方言，又或者不属于同一个省，这类城市间关系用实心点代表；另一类则是几乎不存在这类障碍的组别，比如两地之间没有明显的地理屏障、文化习俗相近或者受相同省级政府管辖，这类城市间关系用空心圆表示。我们想要比较不同类型的障碍因素对地区间经济联系的影响有多大,换而言之,也就是"堵点"在哪里、有多深。

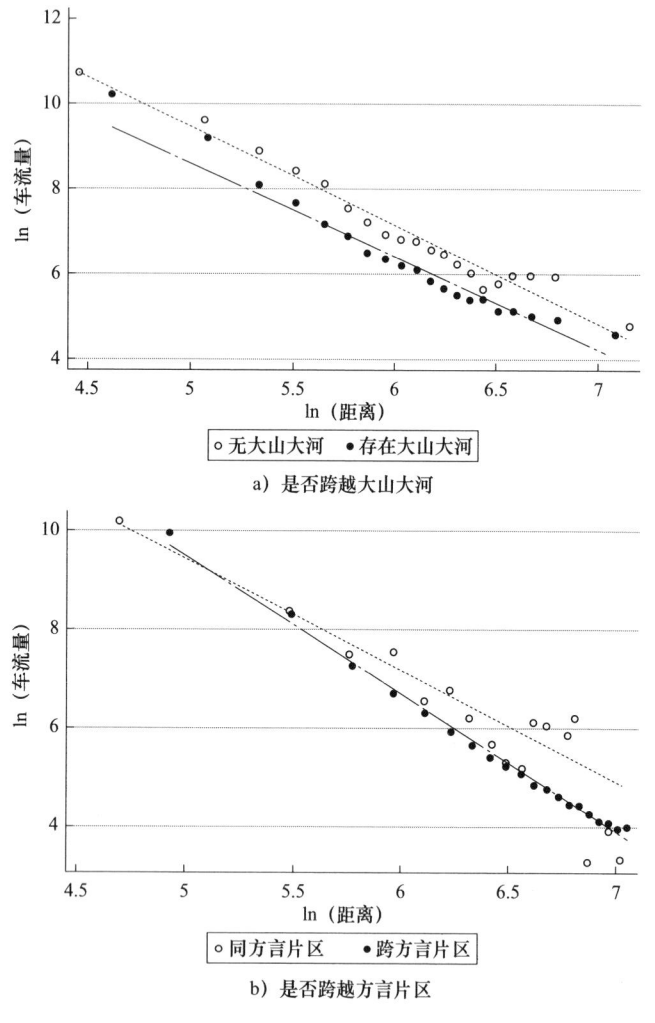

a) 是否跨越大山大河

b) 是否跨越方言片区

图2-7 地理、文化、制度与城市货车流量

c) 是否跨越省级行政区

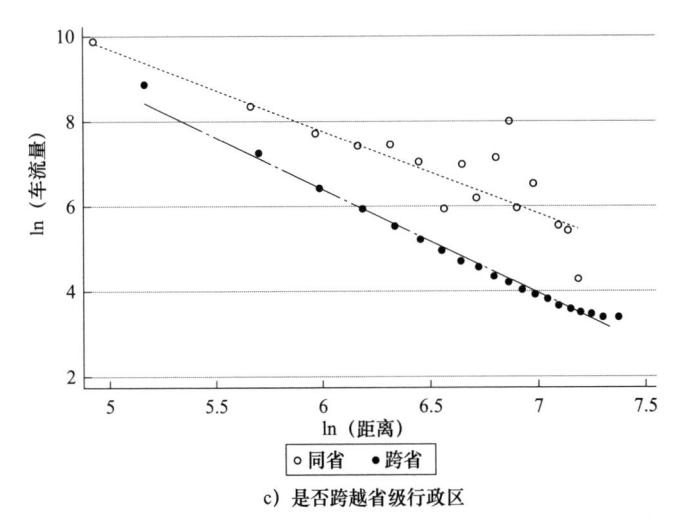

图2-7 地理、文化、制度与城市货车流量（续）

注：三张图中数据来源均为2019年车流大数据，横轴表示城市间的地理距离的对数，纵轴表示城市间的车流规模的对数，所有图均分别控制了起点和终点城市的人口、GDP信息。图2-7a中空心圆和短虚线分别表示不存在大山大河阻隔的城市对样本及其拟合线；实心圆和长虚线表示跨越了大山大河的城市对样本及其拟合线。图2-7b中空心圆和短虚线分别表示处于相同方言片区的城市对样本及其拟合线；实心圆和长虚线表示跨越方言片区的城市对样本及其拟合线。图2-7c中空心圆和短虚线分别表示同省的城市对样本及其拟合线；实心圆和长虚线表示跨省的城市对样本及其拟合线。

资料来源：作者根据原始数据绘制。原始数据来自交通运输部，由上海评驾科技有限公司提供。

从图2-7中，我们可以看到一些共同的规律。首先仍是距离的衰减作用，跟前几节一致，无论是否受到某种障碍的影响，城市间的车流规模都会随着两地间的距离不断减弱，这是由不断上升的运输成本决定的。再就是我们前面提到的，地理、文化和制度三类主要障碍都会影响商品和要素在区域间的流通。

如果用短虚线（空心圆）表示无障碍城市间的平均车流，用长虚线（实心点）表示存在相应障碍类型时的城市间平均车流，我们可以明显地看到在相同距离下⊖，无障碍的车流总是比存在地理、文化或制度障碍时的车流要高。不仅如此，如果进一步看每张图中两条拟合线的平均高度差，发现图2-7c的高度差异最大。这说明，与地理、文化等非制度性障碍因素相比，行政干预、地方保护所带来的制度性影响对城市间经济联系的阻碍作用可能是更大的。

现实情况也的确如此。随着高速公路、桥梁和隧道等基础设施的建设，过去分割市场的大山大河如今已不再是主要障碍。而地域间的文化差异，也随着普通话的推广、教育的普及以及新平台的传播交流，实现了跨地区的求同存异。与地理和文化等非制度性因素相比，税收政策、产业政策、市场准入规则等行政制度，则会更为直接且迅速地影响市场运作和资源配置。我们也用科学的计量模型证实了这一点。以省界来度量的省级行政干预对商品和要素的阻碍作用是不可小觑的，在相同条件下，跨省的车流总是不如省内的车流频繁。

举一个直观的例子，一对相距200千米的城市，如果它们不属于同一个省，它们之间的车流量相当于相距300千米的同省城市对车流。也就是说，省界大约把这两个城市间的距离拉远了100千米左右。实际上，我们所估计出来的中国各省之间的边界效应，甚至可媲美欧洲国与国之间的市场壁垒。因此，尽快消

⊖ 同时也控制了双边城市层面的个体特征，保证城市间关系的可比性。

除全国范围内商品和要素流动的制度性障碍,是我们在当前阶段最应该着力的,也是潜在成效最高的做法。

(三) 统一大市场建设的着力点

1. 整体上,降低制度性壁垒

我们已经知道,在整体上降低制度性障碍仍是建设全国统一大市场的首要任务,也是最为关键的任务。即使是对于打破区域间自然壁垒的基础设施建设,或许目前"断头路"的情况已经缓解很多,但部分跨行政边界地区仍存在公路质量不一的问题,路面材料、道路平坦度以及维护修理程度都有明显差异。比如说,部分边界地带一边柏油路,一边水泥路,一边路面平整,一边坑坑洼洼;遇到大雪等自然灾害情况,两边的处理速度和效果也可能差别很大。这些都是制度性因素的影响。

建设全国统一大市场,关键在于打破当前一个个区域内小循环。人口向中心城市、城市群以及沿海地区集聚是城乡和区域发展的客观规律,并且未来的集聚还会进一步加强。在以人为本的原则下,在长期、全局、多维的发展目标下,全国和地方都应调整和完善一些制度以促进全国统一大市场的形成。

在全国层面应逐步取消各种商品和要素流动的制度性障碍,统一财税政策和市场准入、监管标准,比如2024年8月施行的《公平竞争审查条例》就规范了地方政府的税收等优惠政策(见专栏2-3)。更为重要的是,要调整地方政府激励机制,避免地方政府以重复建设和分割市场的方式来追求本地短期GDP

增长。在区域层面,应区分人口流入地和人口流出地。对于人口流入地,要更多发挥规模经济作用,促进技术创新,提高城市建设和公共服务对经济和人口的承载力;对于人口流出地,则应根据比较优势进行相应的产业转型,如发展对劳动力数量需求不高的现代农业、自然资源产业、旅游业等。在此过程中,匹配中央政府对人口流出地的转移支付,可以使得全国各地都能共享统一大市场带来的发展红利。

◎专栏2-3

谨防"内卷式"恶性竞争

近年来,中国一些产业内卷颇为严重。产能过剩、需求不足、债务压力等驱动行业内企业相互竞争,"降价潮"汹涌,"卷榜单""卷营销"层出不穷,"火药味"十足。

比如中国钢材行业,虽然国内钢材总产量占全球50%以上,但多个大型钢铁企业各自为战,缺乏相对统一的战略协同,反而导致铁矿石进口定价权的丧失。类似的情况也发生在汽车行业。汽车行业的"内卷"体现在方方面面,不仅是相同企业性质、相同品牌定位、相同产品线之间竞争激烈,新能源车与燃油车、国产车与进口车,甚至不同型号的车也相互内卷。最典型的内卷方式就是竞相压价、扩大产能。当降价不是源于技术进步、成本降低,而是以抢占市场份额为第一目的时,就会降低企业乃至整体行业的利润,同时产品质量和服务水平也会缩水，损害消费者利益。

"内卷式"恶性竞争最直接的原因是存在太多同质化企业，究其源头离不开一些地方政府的推波助澜。出于最大化本地经济和税收的目的，部分地方政府会在市场准入、要素获取、政府采购、招标投标、奖励补贴等方面对经营者施行歧视性差别对待。比如未采取招标投标、竞争性谈判等竞争方式就将特许经营权指定给某些企业，通过设置名录库的形式，排除名录库以外的企业参与市场竞争等，都是滥用行政权力的地方保护行为。

在招商引资环节，地方政府的某些违规减税、财政奖补、压低土地价格等做法也变相支持了行业扩张和竞相压价。不仅如此，对于地方政府而言，盲目地"拼优惠"也不利于长远发展。一些被优惠政策吸引来的企业，可能需要持续不断的财政支持，这些企业既没有为当地经济做贡献，还消耗了大量财政资金，甚至出现烂尾的情况。比如2010年某省签约的重点招商引资项目×××科技动漫产业园，计划总投资为100亿元，但在2013年就由于资金链断裂烂尾，无限期停工，造成巨大资金损失和恶劣的社会影响。

从源头上遏制地方政府对生产要素市场的补贴和扭曲是防止"内卷式"恶性竞争的重要举措。2024年8月1日施行的《公平竞争审查条例》对保障各类经营主体依法平等使用生产要素、公平参与市场竞争做出明确规定，规范了政府在税收、社保费、财政奖励、补贴等方面的优惠政策。若该条例能够执行到位,产业同质化恶性竞争的现象将得到缓解。

资料来源:作者根据公开资料整理。关于该主题,陆铭教授的论文《大国治理——高质量发展与地方间竞争的空间政治经济学辨析》给出了精彩的分析。

2. 市场维度:重视要素市场一体化

当然,统一大市场不仅仅是统一商品市场。实际上,要素市场的制度性障碍可能更为严重。如果仅从流动角度来看,经过几十年的技术进步和制度放松,垄断经营等直接限制商品流动的显性政策已经基本消失,而更为隐蔽的行政干预手段也随着产权保护、营商环境以及市场公平等方面的改善不断减弱。与之相比,土地、资本和劳动力等生产要素市场,还远未实现市场的统一,在区域间的配置受到更为严格的制度性制约。

以劳动力市场为例,我们通过货运与客运的车流大数据,采用类似的方法比较商品与劳动力要素在城市间的流动情况。结果也很直观,即使充分考虑了商品和劳动力所受到的自然地理屏障和文化差异的影响,后者流动仍存在相对更大的省际边界效应。换而言之,对于上一小节中相距200千米的跨省城市,在劳动力流动视角下,省界把城市间距离拉大的程度远超商品流动视角中的100千米。劳动力市场一体化所面临的更大的制度性障碍,相当一部分是由户籍制度造成的,尤其是超大城市的落户限制及与之挂钩的公共服务差别对待,有关人流的分析我们将在本书的第三章进行详细讨论。

3. 空间格局：城市群一体化先行

最后，我们来看看市场一体化的空间差异。我们知道，当前在全国范围内实现统一大市场还有比较长的路要走。因此，建设全国统一大市场的首要任务是优先实现区域市场一体化，尤其是重点地区的市场整合。作为中国近年来最为重要的区域性政策，城市群已经成为经济发展最重要的载体，是高质量发展的"增长极"与"动力源"。正如《中共中央 国务院关于加快建设全国统一大市场的意见》所提到的，鼓励发展较好的城市群在统一大市场的前提下优先建设区域市场一体化。城市群内的市场一体化也将成为统一大市场的先行军。

目前中国共有19个城市群，其中12个城市群跨越省级行政区[一]。不同城市群的区位和发展阶段是有差异的，京津冀、长三角、粤港澳等发展相对成熟的城市群与长江中游、关中平原、兰州-西宁等中西部地区尚处于发展中期甚至初期的城市群，二者对市场一体化的影响也应当是不同的。车流数据允许我们对单个城市群进行分析。简单来说，我们将每个城市群内的车流样本分别进行回归分析，采用上文类似的计量方法估计出每个城市群的省际边界效应大小，以此评估各城市群内制度性障碍因素的影响。主要城市群内的跨省分割结果如图2-8所示。

与全国平均水平相比，我们可以很明显地看到，发展较为成熟的长三角城市群内省际边界效应最低，换而言之，市场一体化

[一] 辽中南、山东半岛、滇中、晋中、宁夏沿黄、黔中、天山北坡这7个城市群未跨越省级行政区。

程度最高。而其余几个位于东北和中西部地区、尚处于起步阶段的城市群,却未表现出明显的促进群内行政整合的作用。

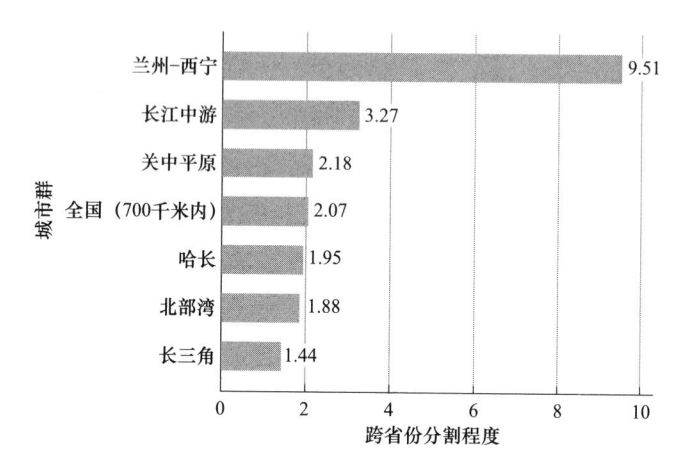

```
城市群
  兰州-西宁         9.51
  长江中游          3.27
  关中平原          2.18
  全国(700千米内)   2.07
  哈长             1.95
  北部湾           1.88
  长三角           1.44
         跨省份分割程度
```

图2-8 主要城市群内跨省份分割情况

注:作者根据计量回归整理而得[一]。该"跨省"分割程度指标通过货车车流大数据,用贸易引力模型所估计的城市群内省际边界效应计算而得。模型控制了各类非制度因素以及固定效应。

资料来源:作者根据原始数据绘制。原始数据来自交通运输部,由上海评驾科技有限公司提供。

这与我们现实所感知的情况也是一致的。长三角地区无论是群内政府间合作,还是城市间科技、旅游、信息等多维度的协作与交流,都更为紧密,总体协同发展程度相对更高。

比如说,在经济合作上,早在1992年便建立了长江三角洲

[一] 在12个包含多省份的城市群中,由于香港和澳门与内地的车流不在统计范围内,粤港澳城市群仅考虑了广东省内车流,不存在省际边界效应。另外,对于直辖市占比过高的京津冀和成渝城市群,以及一省独大的中原城市群、粤闽浙沿海城市群和呼包鄂榆城市群,可能会产生估计偏误,因此不在图中进行比较。

十四城市协作办（委）主任联席会，随后发展为长江三角洲城市经济协调会，如今协调会成员已经包括沪苏浙皖众多地级以上城市。在产业体系建设上，长三角围绕关键技术启动联合攻关项目，已在汽车芯片等关键零部件的研发和产业化上取得积极进展。

在基础设施联通上，2018年至2023年五年间实现上海青浦与江苏昆山和吴江区、上海嘉定与江苏太仓，以及上海金山与浙江嘉兴和平湖的9条省界断头路全部打通，交通路网进一步完善。

在公共服务上，长三角实现了173项政务服务事项跨省通办，52个居民服务事项长三角"一卡通"（社会保障卡），推动智慧文旅一体化服务平台建设。[1] 在制度创新上，2019年至2023年推出136项一体化制度创新成果，包括长三角科技创新券通用通兑试点、示范区职称联合评审机制、专业人才资格和继续教育学时互认等，部分成果已经面向全国复制推广。[2]

与长三角等一体化进程相对较快的城市群相比，中西部地区的部分城市群虽然也开始探索打破行政壁垒，但目前主要还停留在基础设施的连通和公共服务的共享上，实质的跨行政区经济联系仍不够紧密。因此，以城市群为代表的区域一体化建设仍需继续加强。对于处于发展初期或中期的城市群，可以借鉴长三角、粤港澳等成熟城市群的先进经验，优先推进城市群内社会保障、

---

[1] 参见：《长三角一体化示范区引领作用显著　区域发展指数进一步提升》，国家统计局，2024年12月23日。

[2] 参见：《四年形成136项制度创新成果　长三角一体化示范区亮出成绩单》，《光明日报》，2023年12月11日。

公共服务一体化，统一制度标准，进一步降低商品和要素跨区流动的制度性障碍。而对于已经发展较为成熟的长三角等城市群，更为重要的是建立更加完善的跨省协调机制，尤其是利益共享机制（见专栏2-4）。在人口和经济不断向中心城市集聚的过程中，城市群范围内可能也需要通过类似转移支付等方式使外围地区也能共享中心城市由规模效应带来的经济增长。

◎ 专栏2-4

长三角G60科创走廊产业协同创新中心认识存在分歧

长三角G60科创走廊以科技创新和协同发展为主要内涵，致力于推动沿线城市经济一体化和高质量发展。自2016年首次提出，长三角G60科创走廊辐射范围不断扩大，区域间联动更加频繁。现已在沿线九城建设跨区域创新联盟，包括组建联席办、共建创新平台和区域性科研平台以及成果转化基金，推动专利技术全链条培育转化。截至2024年，G60九城市已成立16个产业园区联盟和14个产业合作示范区，推动汽车零部件、生物医药等产业的区域协作深入。

2020年成立的G60科创走廊首个产业协同创新中心——金华（上海）科创中心在上海临港松江科技城正式启用，作为金华在上海的人才集聚高地和科技孵化飞地。成立科创中心的目的在于打破空间界限，借用上海的创新人才和资源，解决金华产业发展中遇到的技术难题。换言之，研发在上海，产业成果落地金华。截至2024年5月，共有18家企业入驻研发中心，11个项目入驻孵化中心，招引10家企业落户金华。在人才上，集聚高层次人才200余名，吸引前往金华创业的硕士以上人才21名。一定程度促进了上海和金华两地人才技术要素的流动。

然而，在金华（上海）科创中心的实际运行过程中，也存在一些认识上的分歧，尤其是在利益分配上。比如说，对于入驻企业，金华提出对建设产业协同创新中心不设税收、产值、入驻企业数量、研发投入等考核指标，不设限制条件。他们认为，入驻科创中心的企业研发投入应当在统计上归为入驻企业原注册地（目前主要为浙江的企业），但是松江区委、区政府希望入驻企业能够成立法人企业，并将研发投入计入松江指标，同时鼓励企业在上海成立总部。

不仅如此，金华也希望上海能够为入驻科创中心的企业和人才给予本地相同的政策支持，同时加大人才公寓供应量，为合作城市人才落户设置绿色通道、缩短人才落户申请时间等优惠政策。但双方尚未真正建立"成本共担、利益共享"机制。以目前的合作框架，如果上海方面为产业协同创新中心的科创活动投入财政扶持资金，当科研成果去外地产业化时上海可能很难分享相应的收益。

资料来源：作者根据公开资料整理。金华（上海）科创中心的具体案例信息来自钱智、吴也白、朱咏、宋清2021年在《科学发展》杂志发表的《长三角G60科创走廊产业协同创新中心建设调研报告》。

第二章利用货车车流大数据分析了城市网络和统一大市场。车流可以很好地代表城市间的经济联系，车流所构成的城市网络也能清晰展示出城市群的脉络。在这一网络中，经济活动持续向重点区域的中心城市流动与集聚，呈现出明显的向心趋势。由于地理区位、资源禀赋以及区域协同关系的差异，不同中心城市的吸引力和辐射力也有所区别，其中地理区位仍具有决定性作用。

基于车流数据，我们也进一步探讨了当前备受关注的统一大市场建设问题。研究表明，自然地理屏障、文化观念差异以及各类保护性行政制度都是产生市场分割的重要原因，尤其是制度性壁垒，对地区间经济联系的阻碍作用最为突出。因此，继续降低各种制度性壁垒，推动商品与要素市场一体化，仍是统一大市场建设的核心任务。在此过程中，城市群可以先行先试，探索建立各种分享协调机制，率先推进区域一体化。

值得一提的是，相较于商品市场，劳动力要素市场的一体化建设仍面临较大的挑战。加快户籍和相关公共服务制度改革，促进人口自由流动与社会融合，依然是当务之急。在第三章中，我们将通过人口流动的数据，对这些问题进行深入分析。

3

第三章

人流：人口流动、向心与分割

- **人口流动之分化趋势**：在人口流动大潮下，中国城市人口存量开始分化，人口流入地和人口流出地日渐清晰，集聚和向心趋势明显。
- **人口流动之长期趋势**：中国流动人口在城市的居住时间超过5年的比例将近50%，进入城市超过10年的个体则超过20%。
- **人口流动之分割趋势**：中国跨省流动人口比例下降的一个重要原因是全国一体化慢于省内一体化。

中国40多年的改革开放，数以亿计的人为了生活与梦想，在城乡和地区间流动、迁移与辗转。也许，全世界范围内很难有哪个国家能够有如此大规模、长时间、跨地区的人口流动。这是一段波澜壮阔、连接着千万人命运起伏的历程，其中有太多要书写的故事、太多要思考的问题、太多值得我们记住的时刻。

陆铭老师说："如果说这个时代会留下一个特别的印记，

我相信，那一定是春节期间涌动的人潮。再过20年，最多30年，当现在的青年人已经在城里老去，当如今的老年人已经安然离世，那时，不会再有那么多人把返乡过年当作一个仪式去完成。我忍不住想，未来，你会看到中国走过一条怎样的道路？"

过去还未真的过去，未来却已经到来。中国已经进入后工业化时代，数字经济和人工智能的发展开始深刻影响未来的产业和就业。人们依然在城乡和地区间涌动，依然向城市集中。城市承载着人们新时代的希望，她应该敞开胸怀，拥抱每个愿意来此居住、工作和生活的人，让流动的人有更多自由的选择，让孩子能够跟父母相伴，一起追寻幸福的未来！

当前，中国人口的空间分布已经呈现出集聚、向心和分化的趋势。中心城市的地位日益凸显，各区域的比较优势进一步分化，经济活动和人口仍向沿海城市群和中心城市周围集聚，偏远地区人口持续流出，进而形成从沿海向内陆、从中心城市向外围的发展梯度，呈现"双重中心-外围"的区域发展新格局。㊀

第二章我们用车流数据，分析了车流网络与城市网络、中心城市的吸引力和辐射力、市场分割与统一大市场建设相关的问题。对于城市而言，人比货更重要；对于统一大市场建设而言，人口流动碰到的障碍比货流的障碍要大。

㊀ 详细的论述，参见陆铭在2023年出版的《空间的力量：地理、政治与城市发展》（第三版）。

第三章中我们将通过人口流动的数据，进一步解构人口迁移下的中国城市版图。具体包括以下几个方面：
- 中国的人口流动为什么呈现出分化与长期趋势？
- 中国人口流动为何会形成"双重中心-外围"格局下的集聚与向心之势？
- 户籍、土地等制度如何影响了中国人口流动的分割与一体化过程？

一、人口流动的特征：分化与长期

2021年流动人口规模达到3.85亿人，几乎每四个人就有一个是流动人口。规模庞大的流动人口都去哪儿了？未来他们还会去哪儿？流动的生活还会继续吗？我们用"分化"与"长期"概括流动人口的特征。

首先，人口流动的地区和人群"分化"特征明显。一些地区依然是人口流入地，另一些地区不可避免地出现了人口外流的趋势。其次，流动的人群也出现了分化。有些人在流动中满足了落户条件，定居在城市；另外一些人则仍然在流动，这在年轻人或者低技能劳动者中的表现较为明显。

与分化相关的另一个特征是"长期"。中国自1978年改革开放以来，就出现了大规模人口在城乡间、地区间的迁移，时至今日，数量仍然超过3亿人；流动人口累计进城时间平均值超过4.5年，且随着时间的推移有增大的趋势。

由于流动人口较难获得城市中教育等基本公共服务，直接导致他们对子女的教育没有稳定的预期，进一步提高了流动的不稳定性。值得注意的是，流动儿童和留守儿童的教育问题，已经成为当前和今后一段时间我们必须面临的重要问题。对于那些父母已经取得了城市户口、可以在城市居住的孩子，他们能够在城市接受教育，逐步融入城市社会。但是，如果父母没有取得流入地城市户口或者居住证，那么流动人口子女的教育是摆在我们面前紧迫而又必须解决的问题。分化与长期使中国流动人口问题呈现出更加复杂的特征。

（一）分化：地区与人群的分化

第七次全国人口普查数据显示，人口流入地和流出地分化特征明显。

2020年，东部地区人口占39.93%，中部地区占25.83%，西部地区占27.12%，东北地区占6.98%，与2010年相比，东部地区人口所占比重上升2.15个百分点，中部地区下降0.79个百分点，西部地区上升0.22个百分点，东北地区下降1.20个百分点。⊖李杰伟等人利用第七次全国人口普查数据计算的结果也显示，在人口持续集聚的过程中，中心城市的地位日益凸显，2020年有26.4%的人居住在直辖市、省会、副省级城市，21.6%的人居住在城市群中心城市，13.3%的人口居住在九个国家级中心城市，24.39%的人口居住在国家批复的14个都市圈。常住人口在300万人以下的城市为179个，这些城市的人口占比仅为19.8%。人口

⊖ 参见：宁吉喆的《第七次全国人口普查主要数据情况》一文。

主要集中在大城市和特大城市。①

不仅城市分化出人口流入地和流出地，县城也是如此。

根据2000年、2010年、2020年三次人口普查数据来看，在距离大城市或中心城市50千米或100千米范围内，人口流入的县城居多；在100千米到300千米之间人口流入和流出的县城是势均力敌的；300千米之外基本上人口减少的情况居多。如果我们把所有人口减少的县城都在地图上描绘出来，就会看到一条连绵的人口流出带。我们使用第七次全国人口普查数据计算，在1870个有数据的县城里，有1196个县城在2010年至2020年人口在减少。

流动人群也在分化。一部分流动人口已经落户城市，成为城市的新移民，而另一部分则因为户籍、土地、文化等原因，依然处于流动状态。目前除了大城市和特大城市，大部分中小城市已经全面放宽了落户限制。2014年以来，共有1.5亿农业转移人口平稳有序进城落户，全国户籍人口城镇化率由2014年的35.9%提高到2023年的48.3%。人群分化中，无法落户的个体主要是流入地为大城市以及低技能的劳动者。大城市存在落户门槛，高技能劳动者落户可能性较大，低技能者则落户较难，甚至会出现回流。回流人口多从经济发达地区回到欠发达的户籍所在地的城镇地区；回流群体在外务工期间和回到户籍地后的

---

① 参见：Li Jiewei, Zhao Wenyue, Liang Qianqian. Agglomeration and Radiation: Central Cities and China's Spatial Economy based. *Asian Economic Papers*, 2023, 22(2): 36-67.

稳定性都不高。城市落户门槛是导致回流的重要因素，对低技能、跨省流动、农村户籍和健康较差群体有显著影响。[一]

地区与人群的分化是相互关联的。人们依然是以从中西部地区向东部地区流动为主。人口流入地方向与户籍门槛放开的方向不完全一致，这导致地区和人群的分化趋势依然在继续。这会影响个体和家庭的决策和规划，尤其是当移动人口选择在老家还是流入地城市购房置业时，难以理性抉择，最终影响了流动人口在城市的就业、生活及幸福感（见专栏3-1），也不利于城市中稳定的劳动力市场供给。

◎ 专栏3-1

房产投资的抉择：出租车司机刘叔的幸福生活

刘叔是广东湛江人，1998年的时候，刘叔在广州开出租月收入已经过万元。刘叔在积蓄不断增加后，开始考虑买房置业，他要在老家建房子和在广州买房子之间做出选择。刘婶毫不犹豫，坚持要在广州买房子，因为刘婶比刘叔更加坚信他们将来会在广州生活下去。他们以每平方米3000元的价格，在广州番禺买了一套面积超过100平方米的大房子，现在房子每平方米的价格已经超过4万元。之后刘叔兄弟四人合伙在老家建了一栋4层的楼房，总算满足了他们光宗耀祖的愿望。现如今村里

[一] 参见：张吉鹏、黄金、王军辉、黄勔的《城市落户门槛与劳动力回流》一文，《经济研究》2020年第7期。

大部分年轻人都外出打工,村里就剩下很多漂亮的大房子和老人做伴。张叔是刘叔的同乡,靠着勤奋肯干,攒够了"第一桶金",20世纪90年代决定"买房置地"。他毫不犹豫地回老家农村建了一栋大房子,花了近70万元,他觉得自己以后可以回来养老。全村人都对张叔竖起来大拇指。岁月悠悠,如白驹过隙,转眼间张叔已在广州工作了30多年。遗憾的是,在广州和湛江他都没有房产,至今在广州租房居住,他还没有实现回老家养老的梦想。老家的房子尽管很大,但大部年轻人都外出务工了,没有人买,因而无法置换。张叔只能跟刘叔感慨,自己错过了最佳的置业机会……

资料来源:作者根据调研访谈资料整理。魏东霞在刺猬公社公众号文章《在快手,穿透房产投资的人口密度法则》中对该主题有过分析,发表时间为2021年3月9日。

(二)长期:大规模、长时间的流动

中国二元制户籍和土地制度,以及城乡和地区间的收入差距,是流动人口规模庞大的主要原因。笔者曾在火车上遇到一位59岁的大叔,他在昆明打工,中间返回老家宝鸡种麦子,然后再回昆明,年年如此,打工期间每月有6000多元钱的收入,这也是大叔养家糊口的主要经济来源。过了春节,他就要满60岁了,受年龄限制,外出打工的生活不得不结束,他非常遗憾。类似的故事也许很多很多。"流动"是这个时代最重要的特征,也将是对未来具有重要意义的历史。在浩瀚的历史长河中,华夏民族为了生存,曾经多次迁徙和流动,但是改革开放后，在一个国家内部有如此大规模、跨越几十年的人口流动，是非常罕见的。电影《出走的决心》中，李红出发前说："我等不了了。"时至今日，体制和制度原因带来的人口流动障碍也到了不能再等，必须解决的时候了。

1978年12月党的十一届三中全会后，中国开始实行对内改革、对外开放的政策，改革开放的过程中，经济开始逐步加入全球化进程。由于劳动力具备相对质优价廉的比较优势，中国进入了全球生产链的劳动密集型制造业环节，特别是出口加工型制造业。由于出口加工型制造业布局在靠近东南沿海的地方能够节省运输成本，因此，外资也大量集中在沿海省份。相应地，大量制造业的新增就业岗位也产生于沿海省份。此时，由于农村开始实行家庭联产承包责任制的改革，大大提高了农业生产效率，也释放了大量的劳动力。这样农村大量剩余劳动力就开始流向东南沿海地区，补充制造业发展中急需的劳动力资源。

1984年国务院颁发的《国务院关于农民进入集镇落户问题的通知》○，允许农民自理口粮进集镇落户，户籍制度对农村人口的管制开始松动，大批农村劳动力开始流向东南沿海经济发达地区务工经商。此后，人口流动的管制一直在松动，农村人口外出务工实际上已经没有过多的限制。在这样的背景下，大量农村劳动力都是"候鸟式"的短期迁移模式。比如"农民

○ 1984年10月13日发布的《国务院关于农民进入集镇落户问题的通知》，根据《国务院关于宣布失效一批国务院文件的决定》（国发〔2016〕38号），此文件已宣布失效。

工""打工妹"就是指农村进入城市务工的人们，甚至还有一部电视剧《外来妹》讲述了外来务工的女孩在城市的生活和工作情况。

从数据看，1982年流动人口数量仅有657万人，1987年达到1810万人，1995年的时候，流动人口数量为7073万人，到2000年流动人口数量已达1.21亿人（见图3-1）。2001年中国加入WTO之后，外向型经济发展更加迅速，更多的人流入沿海地区和中心城市。但自2003年，政府开始实行偏向中西部地区的土地供应政策，相应地压缩东部地区的土地供应，造成东部地区房价快速上升，进而推动了东部地区的工资上涨，这一效应在中西部地区和2003年之前的东部地区则不明显[一]。也是在2003年之后，一些地方甚至出现了和工资上涨相伴随的"用工荒"[二]。到2005年，流动人口数量为1.47亿人，比2000年增长了2600万人。之后流动人口数量还是在增加，到2010年流动人口数量超过2.2亿人，到2014年流动人口数量达2.53亿人。

2014年7月颁布的《国务院关于进一步推进户籍制度改革的意见》、2016年2月颁布的《国务院关于深入推进新型城镇化建设的若干意见》，核心指导思想仍然是有序引导人口流向，除超大城市和特大城市外，逐步放开其他城市的落户限制。户籍制度改革实行"抓大放小"，但是人口依然流向大城市，户籍

[一] 参见：陆铭、张航、梁文泉的《偏向中西部的土地供应如何推升了东部的工资》一文，《中国社会科学》2015年第5期。

[二] 参见：蔡昉的《刘易斯转折点与公共政策方向的转变——关于中国社会保护的若干特征性事实》一文，《中国社会科学》2010年第6期。

制度改革的方向与人口流向并不一致。我们看到，2015年流动人口总体规模略微减小。从1985年到2021年的36年间，流动人口规模由657万人增长到3.85亿人，增长了57倍，几乎每四个人中就有一个流动人口。流动人口规模极其庞大。

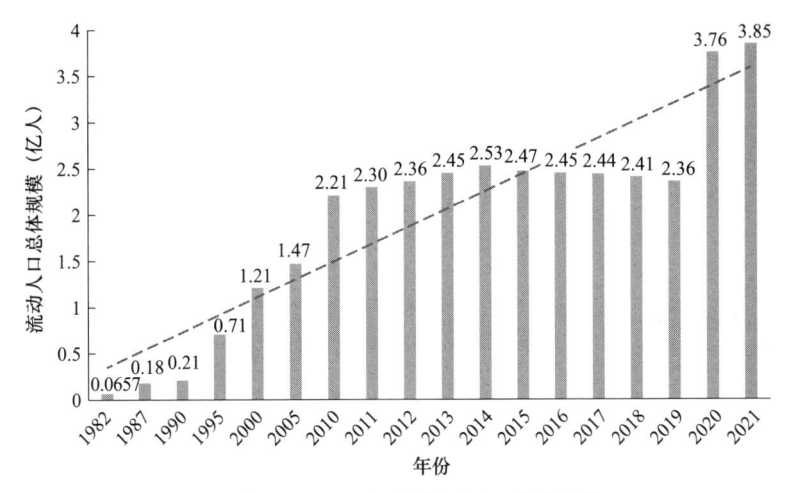

图3-1 1982～2021年中国流动人口总体规模

资料来源：1982～1995年数据来源于段成荣等（2008）[一]，2000～2019年数据来源于《中国统计年鉴2020》，2020年数据来自国家统计局《第七次全国人口普查公报（第七号）——城乡人口和流动人口情况》，2021年数据来源于《中华人民共和国2021年国民经济和社会发展统计公报》。

从国家层面看，流动人口在超过30年的时间中连续增长；从个体层面看，也表现出了流动时间过长、居留意愿不高的状态。2011年，有超过30%的个体在城市流动时间大于5年，2017年已经有将近一半的个体在城市流动时间超过5年；2017年和2018年

[一] 参见：段成荣、杨舸、张斐、卢雪和的《改革开放以来 我国流动人口变动的九大趋势》一文，《人口研究》2008年第6期。

流动人口平均流动时间超过6年（见表3-1）。图3-2给出了主要城市中流动人口的平均流动时间在3～9年，而且越是大城市，流动人口流动的时间越长，北上广深四大一线城市，流动人口平均进入城市时间超过6.8年。总体而言，流动人口在城市的居住时间超过5年的比例超过50%（见表3-2）。

表3-1 2011～2018年流动人口平均流动时间

年　份	2011年	2012年	2013年	2014年	2015年	2016年	2017年	2018年
平均流动时间（年）	4.60	4.47	4.60	4.57	4.68	5.61	6.31	6.18
小于5年的占比（%）	66.1	65.39	66.87	67.15	65.37	57.87	53.37	54.7
大于等于5年的占比（%）	33.9	34.61	33.13	32.85	34.63	42.13	46.63	45.3

注：1. 指标根据2011～2018年流动人口监测数据计算。

2. 个体流动时间指被访问者本次进入城市的年月到调查年月（2017年5月）的总时间，个体流动时间=（2017-本次流动年份）+（5-本次流动月份）/12，平均流动时间是将全部被访个体流动时间取平均值。

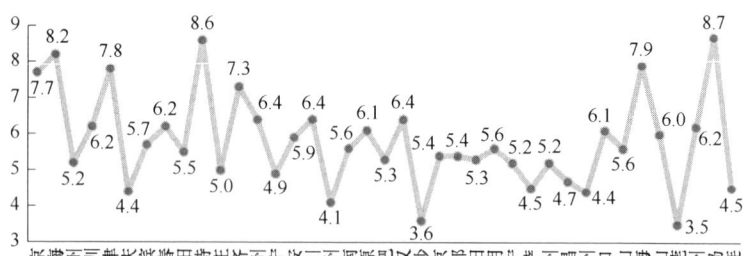

图3-2　流动人口在主要城市中平均流动时间

资料来源：作者根据2017年流动人口监测数据计算。

表3-2 流动人口平均流动时间

	平均流动时间（年）	流动时间超过5年的个体		流动时间超过10年的个体		总样本
		数量	占比	数量	占比	
全部样本	6.3	79 271	46.63%	36 684	21.58%	169 989

四个一线城市	平均流动时间（年）	流动时间超过5年的个体		流动时间超过10年的个体		总样本
		数量	占比	数量	占比	
北京	7.7	4004	57.21%	2147	30.68%	6999
上海	8.2	4284	61.20%	2358	33.69%	7000
广州	5.2	729	36.47%	338	16.91%	1999
深圳	6.2	928	46.42%	417	20.86%	1999
平均	6.8	9945	55.26%	5260	29.23%	17 997
其他城市平均	6.2	69 326	45.61%	31 424	20.67%	151 992

省会及其他主要城市	平均流动时间（年）	流动时间超过5年的个体		流动时间超过10年的个体		总样本
		数量	占比	数量	占比	
天津	7.8	2827	56.54%	1505	30.10%	5000
重庆	4.4	1570	31.41%	500	10.00%	4999
哈尔滨	5.7	837	41.85%	313	15.65%	2000
长春	6.2	983	49.15%	358	17.90%	2000
沈阳	5.5	840	42.00%	291	14.55%	2000
呼和浩特	8.6	1314	65.70%	646	32.30%	2000
石家庄	5.0	761	38.05%	278	13.90%	2000
乌鲁木齐	7.3	969	48.45%	567	28.35%	2000
兰州	6.4	963	48.15%	442	22.10%	2000
西宁	4.9	684	34.20%	274	13.70%	2000
西安	5.9	883	44.15%	365	18.25%	2000
银川	6.4	1006	50.30%	349	17.45%	2000
郑州	4.1	535	26.76%	195	9.75%	1999
济南	5.6	875	43.75%	330	16.50%	2000
太原	6.1	903	45.15%	384	19.20%	2000

（续）

全部样本	平均流动时间（年）	流动时间超过5年的个体		流动时间超过10年的个体		总样本
	6.3	数量	占比	数量	占比	169 989
		79 271	46.63%	36 684	21.58%	

省会及其他主要城市	平均流动时间（年）	流动时间超过5年的个体		流动时间超过10年的个体		总样本
		数量	占比	数量	占比	
合肥	5.3	844	41.78%	263	13.02%	2020
武汉	6.4	967	48.35%	400	20.00%	2000
长沙	3.6	498	24.90%	127	6.35%	2000
南京	5.4	733	36.65%	364	18.20%	2000
成都	5.4	818	40.90%	333	16.65%	2000
贵阳	5.3	719	35.95%	303	15.15%	2000
昆明	5.6	807	40.35%	389	19.45%	2000
南宁	5.2	756	37.82%	288	14.41%	1999
拉萨	4.5	688	34.40%	273	13.65%	2000
杭州	5.2	779	38.95%	379	18.95%	2000
南昌	4.7	689	34.45%	260	13.00%	2000
福州	4.4	634	31.70%	257	12.85%	2000
海口	6.1	936	46.80%	386	19.30%	2000
中山	5.6	252	42.00%	113	18.83%	600
珠海	7.9	188	58.75%	98	30.63%	320
佛山	6.0	744	45.37%	334	20.37%	1640
东莞	3.5	411	22.83%	163	9.06%	1800
苏州	6.2	967	48.35%	450	22.50%	2000
青岛	8.7	1227	61.35%	764	38.20%	2000
大连	4.5	731	36.55%	171	8.55%	2000

注：1. 作者根据2017年流动人口监测数据计算。

2. 个体流动时间指被访问者本次进入城市的年月到调查年月（2017年5月）的总时间，个体流动时间 =（2017−本次流动年份）+（5−本次流动月份）/12，平均流动时间是将全部被访个体流动时间取平均值。

那么如果没有任何条件,是不是流动人口都愿意将户口迁到城镇?答案是否定的。如表3-3所示,根据流动人口监测数据显示,当流动个体被问到居留意愿时,发现在没有任何限制的情况下,只有4成左右的个体愿意把户口迁到城镇。难道大家都不愿意进入城镇居住吗?其实,这与户籍、土地、行政分割等多种制度因素有关,使得流动人口不能够对个体未来有稳定的预期和规划。实际上,即便是与情感关系较大的"乡愁",我们在研究中也发现制度对此影响更大,如果流入地更加包容,流动人口的"乡愁"会有所减少。

表3-3 流动人口居留意愿

是否愿意迁入本地	2011年 是否愿意转成城镇户口		2012年 如果没有任何限制,您是否愿意把户口迁入本地		2016年 如果您符合本地落户条件,您是否愿意把户口迁入本地		2017年 如果您符合本地落户条件,您是否愿意把户口迁入本地	
	频数	占比(%)	频数	占比(%)	频数	占比(%)	频数	占比(%)
愿意	38 489	35.44	79 202	49.95	57 535	37.67	66 310	39.01
不愿意	42 068	38.74	38 545	24.31	48 183	31.55	58 603	34.47
说不准/没想好	28 033	25.82	40 809	25.74	47 018	30.78	45 076	26.52

资料来源:作者根据2011~2017年流动人口监测数据计算。

二、人口流动的趋势:集聚与向心

近些年,我们经常会听到一些声音,比如"逃离北上广""返乡"寻找田园牧歌的生活，那么实际上真的是这样的吗？中国大规模、长时间的流动人口未来的流动趋势如何？陆铭老师在《向心城市：迈向未来的活力、宜居与和谐》中概括到，人口流动呈现三个"向心城市"趋势：从农村到城市，从小城市到大城市，从城市的外围到中心城区。2024年7月，国务院发布关于印发《深入实施以人为本的新型城镇化战略五年行动计划》的通知，提出坚持以人为本，把推进农业转移人口市民化作为新型城镇化首要任务，坚持人民城市人民建、人民城市为人民，充分尊重人的意愿，调动和发挥好人的积极性、主动性和创造性，促进人的全面发展和社会公平正义，使全体居民共享现代化发展成果。未来中国人口的城市化水平将伴随着集聚和向心的趋势进一步提高。

（一）人口流动的集聚与向心

我们团队利用人口普查数据，对比了2010～2020年中国城市和区县人口的增减情况。⊖我们可以发现，人口正增长的地区主要有两类：一类是沿海地区，尤其是京津冀、长三角、珠三角地区；再一类是中国中西部和东北的大城市及其周围，比如西安、成都、郑州、武汉、沈阳和大连等城市。总体而言，人口流入地和流入数量呈现出明显的由沿海到内陆和由中心城市到外围地区的"双重中心-外围"结构。

⊖ 参见：陆铭的《向心城市：迈向未来的活力、宜居与和谐》一书，上海人民出版社2022年出版，第30页。

如果我们再进一步看数据，2010～2020年有84.1%的城市市辖区的人口在增加，大部分城市都出现了人口向中心城区集中的情况。例如哈尔滨整个城市的人口其实是负增长的，但是哈尔滨中心城区的人口是正增长的。这种情况，我们称为"集中式收缩"。

中国的人口流动，既没有出现真正的"逃离北上广"，也没有大规模"返乡"寻找田园牧歌，反而是人口依然向城市、大城市集中，向中心城区集聚。虽然个人的选择和偏好不同，但是数据显示居住在城市的人口越来越多。根据统计公报和年鉴的公开数据，2000～2023年，中国城镇人口由4.59亿人增长到9.3亿人，占比由36.22%增长到66.2%，而城镇的非就业人口则从2.28亿人增长到4.6亿人。人口流动的集聚与向心趋势，与农业现代化水平不断提高，释放大量劳动力，要进入城市寻找工作有关；更是因为中国已经进入到后工业化时代，创造就业岗位的主要是城市中的服务业。

首先，随着农业的规模化和现代化发展，农业的生产效率持续提高，农业能够提供的就业岗位进一步减少，释放出的劳动力主要进入城市寻找工作。农村人口外流，不但可以提高外出务工人员的收入，而且有助于改善农业生产效率，增加留在农村从事农业生产的农民的收入。基本的逻辑是：农业人口减少，土地通过流转形成规模化、企业化经营，农业企业可以通过使用机械替代劳动。研究发现，农业劳动力成本上升会促进农业机械投入增加。[一]图3-3给出了中国近20年的粮食和蔬菜产量及农业机械化率数据，我们可以看到农作物综合机械化率逐年提高，粮食产量和蔬菜产量稳中有升。因而在中国城市化进程中，农业劳动力持续外流并没有对农业生产造成冲击，粮食和蔬菜产量都是稳步提升的。

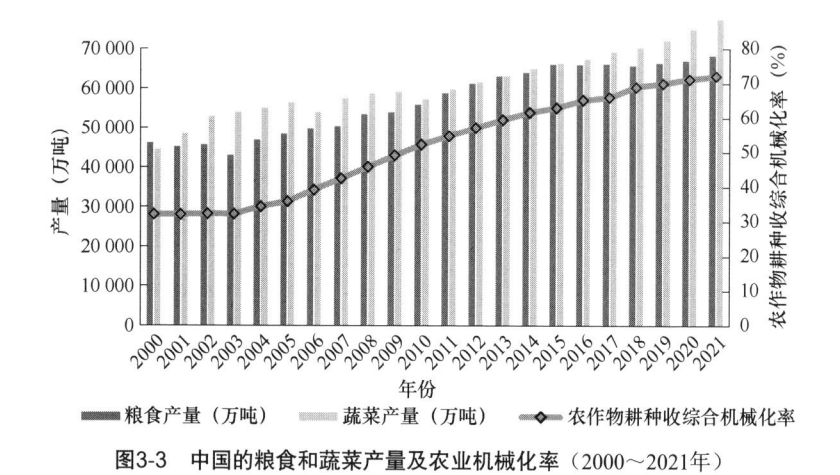

图3-3 中国的粮食和蔬菜产量及农业机械化率（2000～2021年）

资料来源：粮食产量和蔬菜产量的数据来自国家统计局网站年度统计数据。农作物耕种收综合机械化水平 = 机耕水平×0.4 + 机播水平×0.3 + 机收水平×0.3，数据来自2001～2022年《中国农业机械年鉴》。

其次，这与中国经济增长的阶段关系密切。20世纪80年代初，中国经济中第一产业占比超过30%，第二产业占比超过40%，第三产业占比只有20%左右。随着中国外向型经济的发展，劳动密集型产业快速增长，第二产业和第三产业占比逐年

[一] 参见：郑旭媛、徐志刚的《资源禀赋约束、要素替代与诱致性技术变迁——以中国粮食生产的机械化为例》一文，《经济学（季刊）》2016年第1期。

增多，第一产业占比逐渐下降。2001年中国加入WTO时，第一产业占比只有14.7%，第二产业和第三产业占比分别达到了45.5%和39.8%。到2006年，第二产业占比达到了47.6%，之后逐年下降，第三产业占比逐年增加。2023年第一产业占比仅7.1%，第二产业和第三产业占比分别为38.3%和54.6%。㊀

中国经济已经进入服务业占比越来越重的后工业化时代，服务业成为吸纳就业的重要部门。从就业结构看，20世纪80年代初，第一产业就业人数占比接近70%，之后伴随着第二产业和第三产业的发展，大批劳动力开始由农业部门转移到工业和服务业部门。2012年三次产业就业占比分别为33.5%、30.4%和36.1%。之后，第一产业和第二产业就业占比持续下降，第三产业就业占比开始增加。2023年，三次产业就业占比分别为22.8%、29.1%和48.1%㊁。

人口规模越大的城市，由于分工、匹配和学习机制，越能够创造更多的就业岗位。2011~2018年流动人口监测数据显示，80%的流动人口来自农村，他们中又有80%的人进城目的是务工经商，也就是来城市找工作谋生的。人口规模越大的城市，服务业占比也越高（见图3-4）；而流动人口中，超过一半的个体在服务业就业，占比逐年提高（见图3-5）。大城市更多的就业机会和更高的收入会吸引他们流向大城市、流向中心城市。随着智

㊀ 本段三次产业结构数据参见《中国统计年鉴2024》表3-2"国内生产总值构成"。

㊁ 本段三次产业就业结构数据参见《中国统计年鉴2024》表4-2"按三次产业分就业人员数（年底数）"。

能化和数字经济的发展，制造业中部分岗位更容易被机器替代，而服务业中存在大量不可编码的岗位，这意味着服务业将成为新增就业岗位的主要来源。服务业发展又高度依赖人口密度，只有大城市才更有可能在信息技术发展中创造出更多的新型岗位。我们在调研中发现，年轻人看重对岗位的满意度，需求更加多样化。其中，既有分布于大厂的稳定长期工，也有大量短期工，流动性较大，看重个体需求和及时回报的年轻人，转换工作更加频繁；设计、研发、品牌推广等生产性服务业岗位则非常依赖于大城市的人才储备（见专栏3-2）。大城市更有可能提供多元化的就业岗位，满足人们多样化的岗位需求，因此未来人口必将进一步向大城市和中心城市集聚，向心趋势还将继续。

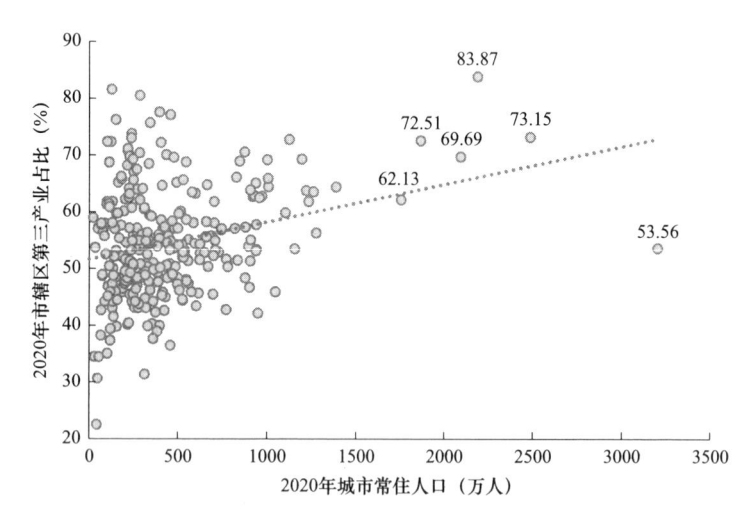

图3-4　2020年城市人口规模与第三产业占比

资料来源：2020年城市常住人口根据第七次人口普查数据整理。2020年市辖区第三产业占比来源于《中国城市统计年鉴2021》"表2-8　地区生产总值构成"。

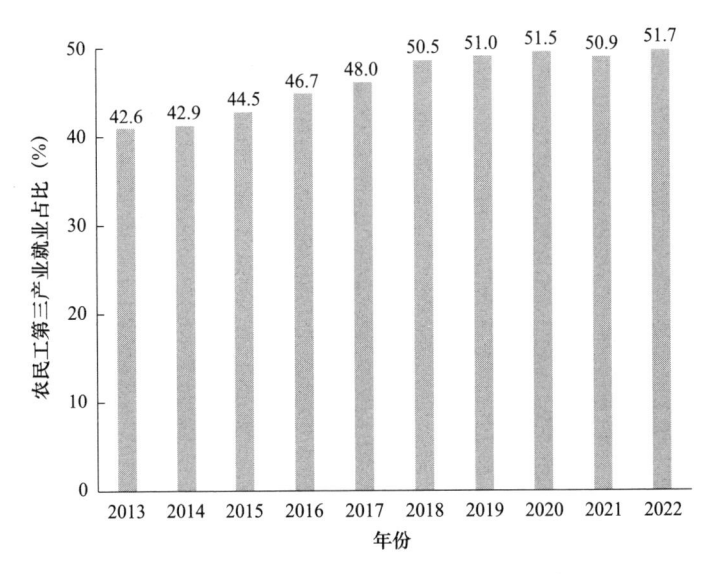

图3-5 2013~2022年农民工第三产业就业占比

资料来源：作者根据国家统计局历年的《农民工监测调查报告》中的数据整理而来，该调查始于2008年。

◎专栏3-2

多样化的岗位需求：
调研中与流动人口就业有关的"九个现象"

2024年夏天，我们在昆山与岭鹏研究院的同事一起调研流动人口务工的情况。我们访谈了找工作的工人、企业主和中介公司，得出了以下"九个现象"。

一是，长期工主要在大企业工作。他们工作时间较长，一般工龄在5年以上，有社保，很多已经在昆山买房子了，甚至孩子也在同一家企业工作。他们大多数属于新昆山人，很多人已经有了当地户口，除了大的节假日会返回老家，平常流动模式与原有的城市户籍人口类似。

二是，短期工流动性较大，以20多岁和30多岁的年轻人为主，男性居多。因为女性在服务业很好找工作，一般不用进工厂。淡季的时候，有的工厂就想要女工，因为女工更仔细、更稳重。工人主要来自安徽、河南等地，也有的来自广西、贵州等西南地区，还有的来自东北地区，他们很多都是通过网络、视频等渠道获得用工和工价信息，然后做出去哪里工作的决定。短期工来到当地会带动租房市场和日用品消费市场。他们的流动有季节性，主要坐高铁和动车出行。

三是，用工企业长期工和短期工并存，根据企业性质，大企业80%左右是正式长期工，有的则是一半一半，特别是电子厂。

四是，短期工工资比正式工低，有日结、周结和月结。很多人干一两天就休息，没钱了再找工作，很多人对工作内容不满意就不干了，反正每天都有工作。他们普遍不存钱。

五是，位置好，尤其在市区的工厂，就容易招到工人，给中介的费用也会比较低。

六是，劳务和中介市场良莠不齐。

七是，大厂招人对工人流动影响大，比如富士康招人，一般是吸引外地工人，很难吸引本地其他工厂的工人。相比于大厂，小厂经常会出现短期招工难的问题。

八是，工人和外卖骑手角色互换，有的人在旺季工厂工资高的时候做工人，淡季做骑手，这样可以增加个人总收入。

九是，大厂总部，尤其是设计、研发、品牌推广等部门一般放在上海，人才储备充足。

资料来源：作者根据调研访谈资料整理。

（二）城市群的联系紧密度与凝聚力

城市群已经成为经济发展最重要的载体，成为高质量发展的动力源之一。城市群的形成与发展离不开人这一要素，城市群涉及城市间人口、资金、技术、信息等要素的互联互通，人的跨城交流也推动了城市群的进一步发展与繁荣。因此，基于人口流动的动态数据可以更加客观地对中国的城市群进行识别。我们使用联通手机大数据，通过城市间人口流动特征识别出基于"人流联系"的城市群特征（见表3-4）。

表3-4 手机"人流联系"数据测算的城市群

	核心城市	区域中心城市	普通城市
京津冀城市群	北京、天津	保定、廊坊、石家庄	张家口、沧州、唐山、承德、衡水、邢台
长三角城市群	上海	苏州、杭州、南京、无锡、合肥	南通、盐城、湖州、嘉兴、金华、绍兴、衢州、常州、马鞍山、宁波、滁州、淮南、六安
珠三角城市群	广州、深圳	东莞、中山、佛山、惠州	汕尾、河源、梅州、清远、肇庆、阳江、江门、珠海、韶关
成渝城市群	成都、重庆	绵阳	德阳、南充、遂宁、资阳、内江、自贡、乐山、眉山、雅安、甘孜藏族自治州、阿坝藏族羌族自治州、宜宾、泸州、广安、达州、恩施土家族苗族自治州、广元、巴中

第三章 人流：人口流动、向心与分割

(续)

	核心城市	区域中心城市	普通城市
长江中游城市群	武汉	长沙	黄冈、鄂州、黄石、咸宁、仙桃、荆州、天门、荆门、孝感、随州、岳阳、株洲、湘潭、衡阳、娄底、邵阳、益阳、常德、张家界、萍乡、湘西土家族苗族自治州、潜江
中原城市群	郑州	周口	新乡、开封、许昌、驻马店、平顶山、南阳、洛阳、焦作、商丘、漯河
关中平原城市群	西安	咸阳	安康、宝鸡、汉中、庆阳、商洛、铜川、渭南、延安
哈长城市群		长春、哈尔滨	延边朝鲜族自治州、吉林、四平、松原、佳木斯、牡丹江、七台河、绥化、伊春、鹤岗
辽中南城市群		沈阳	本溪、丹东、抚顺、阜新、锦州、铁岭
山东半岛城市群		济南、青岛	德州、聊城、泰安、潍坊
北部湾城市群		南宁	百色、北海、崇左、防城港、贵港、河池、来宾、钦州、玉林、桂林
呼包鄂榆城市群		呼和浩特、榆林	鄂尔多斯、乌兰察布
兰州-西宁城市群		兰州、西宁	白银、酒泉、海北藏族自治州、海东、海南藏族自治州、海西蒙古族藏族自治州、黄南藏族自治州、酒泉
滇中城市群		昆明	保山、楚雄彝族自治州、大理白族自治州、红河哈尼族彝族自治州、临沧、怒江傈僳族自治州、曲靖、文山壮族苗族自治州、西双版纳傣族自治州、玉溪、普洱
海峡西岸城市群		厦门、福州	龙岩、南平、宁德、莆田、泉州、三明、漳州
晋中城市群		太原	晋中、吕梁、忻州、阳泉
宁夏沿黄城市群		银川	石嘴山、吴忠、青铜峡
黔中城市群		贵阳	安顺、毕节、黔东南苗族侗族自治州、黔南布依族苗族自治州、黔西南布依族苗族自治州、铜仁、遵义、六盘水
天山北坡城市群		乌鲁木齐	巴音郭楞蒙古自治州、昌吉回族自治州、哈密、吐鲁番、五家渠

第一，城市群内核心城市辐射能力与群内联系紧密度总体正相关。从城市群内城市间平均人流量看（见图3-6），珠三角、京津冀和长三角群内城市间平均人流联系紧密度最高，这三个城市群的核心城市和区域中心城市总数也是19个城市群中最多的。城市群内核心城市的影响辐射能力将带动整个城市群的人流联系紧密度。不过成渝城市群的核心城市和区域中心城市的总个数仅次于上述三个城市群，但其平均人流联系紧密度却位于第8，说明成渝核心城市与普通城市之间的综合发展实力差距较大，仅靠核心城市的辐射能力不足以支撑整个城市群的人流紧密度。群内城市间平均人流量排名靠后的城市群均位于西北部地区，西北部城市群的核心城市如银川、呼和浩特和乌鲁木齐经济实力弱于东部地区城市群核心城市，群内城市间的联系紧密度更弱。

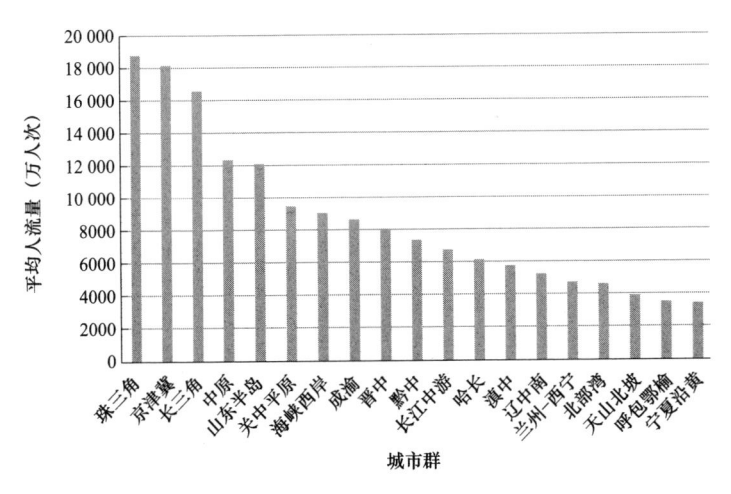

图3-6 城市群内城市间平均人流量

资料来源：作者根据联通智慧足迹数据科技有限公司提供的原始数据整理，数据经过标准化处理。

第二，核心城市凝聚力极强，总人流较多，经济影响保持领先优势。从城市群对外总人流量看（见图3-7），传统城市群，如长三角、京津冀、中原、珠三角城市群，对外的经济影响保持绝对领先优势，这与它们核心城市的辐射能力有主要关系，其中长三角对外总人流量最多，领先第二名京津冀近60亿人次。西北部地区城市群，如宁夏沿黄和天山北坡，对外总人流最少。海峡西岸城市群虽然位于长三角和珠三角城市群之间，但其对外总人流量并未受到周边发达城市群带动，群内也没有受到辐射能力强的核心城市带动，对外总人流量排名靠后。

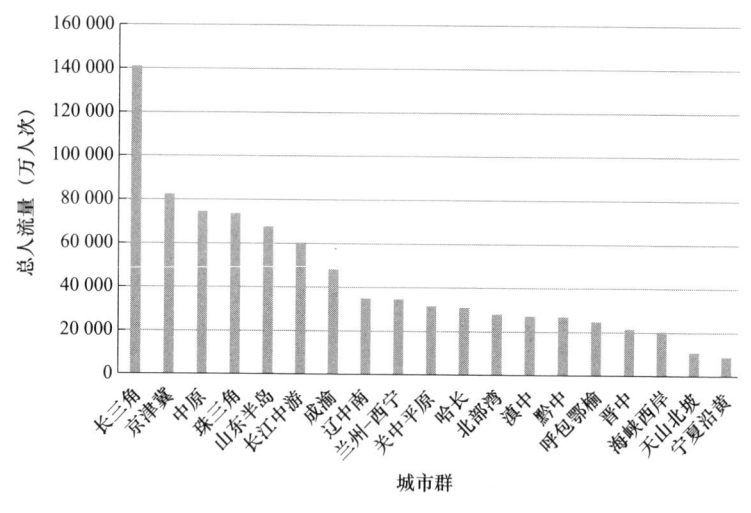

图3-7 城市群对外总人流量

资料来源：作者根据联通智慧足迹数据科技有限公司提供的原始数据整理，数据经过标准化处理。

第三，城市群之间联系紧密。我们对城市群之间的人流量进行了分级，采用ArcGIS的"自然间断点分类法"，使不同级别之间的差异最大化，进而分出不同级别。从彩图3可以看到，东部沿海地区城市间人流最为紧密，形成了以长三角为中心，向北部京津冀和南部珠三角城市群辐射的"弓形"出行人流网络关系图。长江中游和成渝城市群与发达城市群人流联系不如发达城市群间人流联系紧密。东北部和西北部城市群与其他城市群之间的联系最为薄弱。

三、人口流动的制度影响：分割与一体化

中国的流动人口既有规模庞大、流动长期的特征，同时也形成了地区和人群的分化，以及集聚和向心趋势明显的特征。这些特征与制度是分不开的。中国劳动力在城乡间和地区间流动的制度障碍就像玻璃幕墙，虽然看不见，但是横在农村居民和城市居民之间。说起制度性障碍，我们可能马上想起来的是，城乡分割的二元户籍制度，以及由此衍生出的城市落户门槛。实际上，土地制度、行政制度等均会阻碍人口流动。

（一）户籍与土地阻碍流动人口定居城市

首先，城乡分割的二元户籍制度是流动人口面临的最基本和最普遍的制度障碍。我们必须承认，中国户籍制度改革确实在加快推进，目前除了大城市、特大城市，大部分中小城市的落户门槛已经取消。但是我们要知道，人口流动的方向是从农

村到城市、从中小城市到大城市，因此户籍制度障碍依然是存在的。当然，对流动人口而言，户籍制度并没有阻挡成年人进入城市工作和生活，但是因户籍关联着基本公共服务，甚至是购房的资格，从而成为人们定居城市及子女教育的屏障。城市政府为了吸引人才也设定了相应的落户门槛，这些落户门槛往往倾向于吸纳高技能劳动者。低技能劳动者及其子女面临着更大的制度障碍。正是由于落户门槛的高技能偏向，导致人口流动出现人群的分化，即高技能劳动者比较容易获得城市户口，低技能劳动者只能长期流动。

其次，城乡和地区间的劳动力流动也面临着土地制度障碍。中国实行农村土地承包经营制度，农村土地承包采取农村集体经济组织内部的家庭承包方式，实行农用地分类管理。中国为了保障"粮食安全"，保持一定数量的耕地，严格控制农用地转为建设用地，实行"建设用地指标配给模式"，按年度确定建设用地供应总量，不能突破，进城农民的宅基地不能作为资产进行交易。当然，随着户籍制度和农村土地制度改革的深入，这些制度对人口流动的约束会有所减少。如上文所述，即便在没有任何障碍的情况下，流动人口的落户意愿也只有40%左右。户籍和土地制度都会增加劳动力流动的成本，阻碍了劳动力流动和农民工融入城市。

在调研过程中，我们曾经多次碰到过在城市生活工作时间超过10年的外来保姆、出租车司机、保洁员工、骑手、建筑工人等。一方面，由于城市落户门槛的限制，他们无法取得城市户口，所以依然还是流动人口。另一方面，由于家中有土地，甚至在老家缴纳社保，他们预期在老了以后就离开城市回老家生活，当然也有一部分人会在工作地城市缴满15年社保，以便为养老做多手准备。我们还发现，部分来城市探亲访友的大龄农村女性，由于有家政保姆等工作机会，干脆在城市重新就业。

辗转流动中，"乡愁"是他们无法割舍的思念，甚至每到节假日，我们会看到有的老乡穿上传统民族服装游玩聚会。我们相信，那一刻他们是快乐的，因为城市给了他们赚钱和就业的机会，让他们能够养家糊口，生儿育女。流动的人口，流动的家庭，有很多与流动有关的故事。我们要善待这些在城市中工作生活了很多年的外来务工者。曾经，我们因为条件所限，通过户口和门槛管理城市人口，这是不得已而为之的政策。但是随着中国经济发展水平的提高，我们是不是应该把选择权交给个人，让人们自己来选择居住、工作和生活的地方？

（二）流动与留守的孩子

实际上，户籍或城市落户门槛并未真正阻碍成年人流向城市，但是对流动人口的子女产生了较大的影响。一部分孩子可能跟随父母进城成为流动儿童；另一部分，尤其是父母在大城市工作的孩子，由于落户门槛及生活和照料成本较高，只能被留在老家成为留守儿童。新公民计划总干事魏佳羽先生估算，2020年，受人口流动影响的儿童规模约1.3亿人，流动儿童为7109万人，留守儿童规模约为6000万人，其中城镇留守儿童约为4000万人，农村留守儿童约为2000万人。㊀表3-5显示2017~2023年义务教育阶段进城务工人员随迁子女在1910万~1990万人；农村留守儿童由2017年的2190万人左右，下降到2023年的1414万人左右。

表3-5　2017~2023年义务教育阶段进城务工人员随迁子女和农村留守儿童在校情况　　（单位：万人）

年份	进城务工人员随迁子女			农村留守儿童		
	普通小学	初中	合计	普通小学	初中	合计
2023	1257.82	653.16	1910.98	799.24	615.16	1414.40
2022	1270.39	645.50	1915.89	903.16	654.26	1557.42
2021	1296.42	636.20	1932.62	1011.35	693.33	1704.68
2020	1350.78	634.46	1985.24	1105.81	704.71	1810.51
2019	1370.96	619.67	1990.63	1210.84	745.16	1956.00
2018	1379.50	603.24	1982.74	1306.36	772.41	2078.77
2017	1361.51	588.82	1950.33	1389.74	800.05	2189.79

资料来源：2018~2024年《中国统计年鉴》，"表21-12　进城务工子女和农村留守儿童在校情况"。

流动人口如果将孩子带在身边生活，孩子会面临上学难的问题。这里面又会有不同的情况。一般来说，小学阶段流动儿童可以通过民办学校或者私立学校读书，但是由于中考和高考的门槛，很多孩子到了中学阶段，更可能会返回老家读书，成

㊀ 参见：搜狐新闻《魏佳羽：让更多流动幼儿与父母"在一起"》一文，2023年3月15日。

为留守儿童。当然也会有一小部分，可以在父母工作地继续读书。笔者在调研中遇到一位母亲，她的第一个孩子先在城市一所民办小学读书，由于丈夫工作地点变更，孩子不得不换到另一所民办小学。孩子无法在所在区的公立小学就读。他们希望政策能够进一步放开，将来这个孩子可以留下来读中学，他们的第二个孩子可以入读公立小学。

大量的流动人口子女是无法跟随父母进城的。我们的研究发现，城市的高落户门槛没有阻碍父母进城务工的脚步，但是增加了孩子留守的概率；在大城市工作的流动人口，其子女留守甚至父母都不在身边独自留守的概率和规模均要高于中小城市[一]。当然，大城市的生活成本也较高，提升了流动人口子女的照料和居住成本，因此很多父母会选择将孩子留在老家。近些年，情况变得更加复杂和多样。比如年轻一代的个体更加注重孩子的教育，当孩子在老家上到小学高年级之后，家中照料孩子的老人越发显得力不从心，无法给孩子更多的教育和辅导。这时候，父母一方往往会选择返回老家，负责照顾留守的孩子，另一方依然在城市挣钱养家。我们团队的一项研究发现，流动人口越早进城，当下的收入越高，主要是因为城市经验的学习，有助于提升其非认知能力，提高了流动人口进入收入更高的现代服务业就业的概率。[二]因此，解决流动人口子女的教育

[一] 此处，流动人口子女留守类型包括父母一方不在身边的留守儿童和父母双方都不在身边的独自留守儿童。

[二] 参见：魏东霞、陆铭的《早进城的回报：农村移民的城市经历和就业表现》一文，《经济研究》，2021年第12期。

问题，已经迫在眉睫，尤其是在少子化、老龄化问题越来越严重的当下，我们真的是"等不起了"。

党的二十届三中全会通过的《中共中央关于进一步全面深化改革 推进中国式现代化的决定》（以下简称《决定》）提出，要健全推进新型城镇化体制机制，推行由常住地登记户口提供基本公共服务制度。2024年国务院印发的《深入实施以人为本的新型城镇化战略五年行动计划》，提出实施新一轮农业转移人口市民化行动，包括进一步深化户籍制度改革，放开放宽除个别超大城市外的落户限制，推行以经常居住地登记户口制度；保障随迁子女在流入地受教育权利，以公办学校为主将随迁子女纳入流入地义务教育保障范围，加大公办学校学位供给力度，持续提高随迁子女在公办学校就读比例。文件还在住房保障、社会保障、公共服务、就业、权益维护、市民化激励方面提出了非常细致的要求。

通过这些制度，希望能够逐步实现基本公共服务与户籍的脱钩，使得居住证成为享受基本公共服务的依据，从而确保没有本地户口但有居住证的人在子女教育、基本医疗、社会保障、住房保障等方面享有与本地居民同等的待遇。毫无疑问，流动儿童和留守儿童都是上天赐予我们的宝贵财富。更为重要的是，随着服务业在GDP和就业中占比越来越高，流动儿童和留守儿童的人力资本积累无论对个体还是对国家发展均至关重要。让所有外出务工的父母都回家既不现实也不符合经济发展规律，让孩子跟随父母进城，拥有父母的陪伴，这将无可替代。今天我们必须正视流动儿童和留守儿童的问题，创造更多的条件，让更多的孩子能够和父母在一起（见专栏3-3）。

◎专栏3-3

让孩子和父母在一起：留守儿童和流动儿童的故事

我们虽然关注留守儿童和流动儿童，但是我们不能将留守的孩子和流动的孩子标签化。我们只是在描述孩子童年的一种状态。留守儿童一般是指童年中的某一段时间，因爸爸妈妈外出务工等原因而留守家乡的孩子；流动儿童一般是指随父母到流入地城市生活的孩子。电影《雄狮少年》讲述了一位留守儿童阿娟希望与父母团聚的感人故事。阿娟小时候体弱多病，后来经过艰苦的磨砺，变成了一名雄狮少年。阿娟能够克服重重困难参加舞狮培训，其强大的动力源于通过去广州参加舞狮比赛，实现与爸爸妈妈团聚的愿望，因为他的爸爸妈妈连过年也很少回家。阿娟的经历让人无比动容和伤感。亲子分离实际上会对孩子的情感和身心健康产生诸多影响，父母的陪伴是孩子幸福最重要的来源。我们今天必须正视这个问题，积极创造条件，让更多的孩子能够和父母在一起。

下面讲述三个与流动儿童和留守儿童有关的故事。

故事1：2021年6月，我们到广州一所即将停办的民办小学调研。六年级毕业班的小坤（化名）同学告诉我们，他即将离开广州，回到老家温州读初中。小坤父母在他上幼儿园的时候来广州做生意，随后他在上小学一年级的时候，也随父母来到广州，在这里读书生活。四年级开始父母就和他说要让他回老家上初中。这项决定对他而言无疑是令人不开心的。父母让他回温州读初中的原因是有亲人照顾，但更主要是为了将来能够顺利参加中考和高考。根据广州当时的政策，流动儿童中考的录取分数相对更高，学校可选择范围较窄。父母为他选择了温州一所比较好的中学，哥哥当年也是从那里毕业，考入大学，之后来到广州的。尽管小坤对温州比较熟悉，那里有幼儿园的同学和一些亲属，但他还是有一些担忧，一方面是要与父母分开，另一方面是担心与新同学的关系以及学习成绩问题。他已经习惯在广州生活和学习了。

故事2：小黄（化名）兄妹三人在粤西某个乡村跟随爸爸和爷爷奶奶生活，爸爸是乡村医生，妈妈在广州打工。他们在村里的教学点上到三年级，然后到镇里的中心小学继续小学学业。村里的教学点学生较少，班级人数不足15人，教学点教师人数为5人，年龄较大，基本上都是家在附近。英语及文体老师非常缺乏，英语主要由语文老师代课。孩子们平时的学业压力不大，活动也不多。他们希望能够多学点英语，多上体育、美术、音乐等文体课程。他们最大的愿望是过年过节时，妈妈可以从广州回来。

故事3：王先生（化名）曾经在广州工作超过10年，孩子现在到了上学的年龄。他不想孩子在农村老家读书，就准备到户籍地的县城读书。户口不在县城的孩子，如果父母一方是企业主，可以入读县城的小学。为此，王先生辞掉广州的工作，回县城开了一间理发店，之后孩子就可以在这里读书。尽管对他而言有很大的经济损失，但为了陪伴孩子成长，王先生还是做了这样的选择。实际上如果流入地城市能够稍微降低入学门槛，他的孩子就可以跟他一起在大城市读书生活。这样无论对他本人还是对城市发展都是有好处的。

以上三个故事交织着人口流入地的流动儿童、人口流出地的留守儿童及农村儿童的教育问题，实际上是中国城市化进程里人口向经济发达地区流动中，同一个问题的不同表现。在这里，政府的顶层设计至关重要。我们的研究显示，农村流动人口越早进城，越能够提高其收入水平，主要原因在于早进城者通过长期的城市生活经历提高了他们的沟通交流和积极进取心等非认知能力，有助于提高其进入高收入的现代服务业就业的概率，从而提高了早进城者的劳动力市场表现。现有户籍制度下，流动儿童和留守儿童身份可能交替变化，但均面临错失在城市获得经验学习效应和学校教育的双重机会，带来人力资本积累的双重损失。

资料来源：本章作者根据调研访谈资料整理。

（三）省界分割对人口流动的阻碍作用

2022年《中共中央 国务院关于加快建设全国统一大市场的意见》（以下简称《意见》）发布，对加快建设全国统一大市场做出了顶层设计。《意见》提出：要健全城乡统一的土地和劳动力市场；健全统一规范的人力资源市场体系，促进劳动力、人才跨地区顺畅流动。《决定》指出，构建全国统一大市场；完善要素市场制度和规则，推动生产要素畅通流动、各类资源高效配置、市场潜力充分释放。

首先，省界行政壁垒是否存在？在流动人口总量增加的背景下，跨省流动人口的比重反而在下降，这是为什么呢？有很多人认为流动人口的长距离迁徙不好，应该就近解决其工作和就业问题。对于跨省迁移的下降，有人认为这是好现象，证明国家对中西部地区的补贴政策在起作用。流动人口不用长途奔波，也能够实现就业了。真的是这样吗？这种趋势会是长期的吗？跨省流动人口下降到底意味着什么？

我们汇总了全国人口普查数据和农民工监测调查数据，结果显示流动人口跨省迁移的比例确实出现了下降。

第一，根据第五次、第六次和第七次人口普查公布的迁移人口数据，计算得到流动人口跨省流动比例分别为38.91%、38.85%和33.22%（见图3-8虚线部分）[1]。第二，根据2000～2015年两次人口普查和两次1%的人口抽样调查样本数据，计算因工作原因外出的流动人口中跨省流动比例，分别是76.19%、79.11%、75.48%

---

[1] 这里流动人口是指人户分离人口中扣除市辖区内人户分离的人口；市辖区内人户分离人口是指一个直辖市或地级市所辖的区内和区与区之间，居住地和户口登记地不在同一乡镇街道的人口；跨省流动者是指户口在外省的人口；省内流动人口相应则是指户口在省内其他乡镇街道的人口（统计范围含城市、镇、乡村），见图3-8虚线部分。

和52.46%（见图3-8实线部分）㊀。需要说明的是，普查公布的全国数据中流动人口包括跨省流动、省内户口登记在外、乡镇街道（不含市辖区内人户分离），并且不分流动原因，而我们根据普查样本数据计算的跨省流动者口径只包括跨省和省内跨市者，因此普查全国数据计算的跨省占比相对偏低。第三，根据全国农民工监测调查数据（见图3-9），农民工跨省流动比例从2008年的53%逐年下降，2010年和2015年分别为47%和46%，2022年只有41%。以上三组数据均证实，流动人口跨省流动总体上呈现下降的趋势。

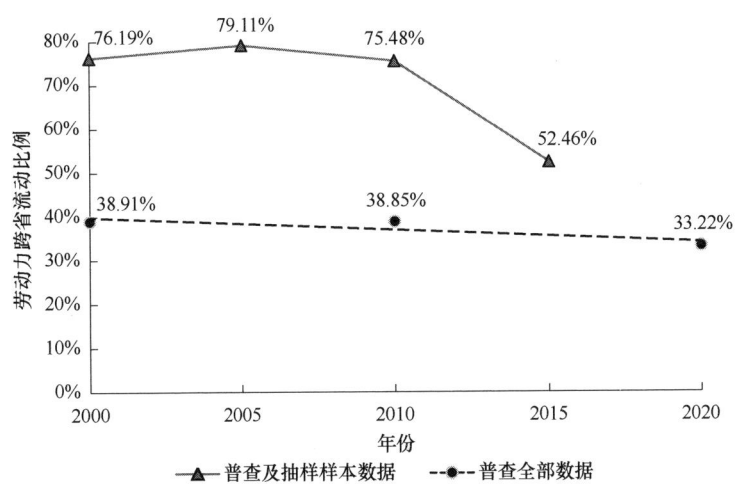

图3-8　2000~2020年劳动力跨省流动比例

资料来源：图中虚线根据国家统计局公布的第五次、第六次和第七次人口普查数据中的迁移人口数据计算获得。图中实线根据2000年、2010年人口普查和2005年、2015年1%的人口抽样调查样本数据计算获得。

㊀ 这里因工作原因流动的人口指省内跨市和跨省流动且流动原因是工作就业或者务工经商者（不包括学习培训、随同迁移、房屋拆迁、改善住房、寄挂户口、婚姻嫁娶、为子女就学等），见图3-8实线部分。

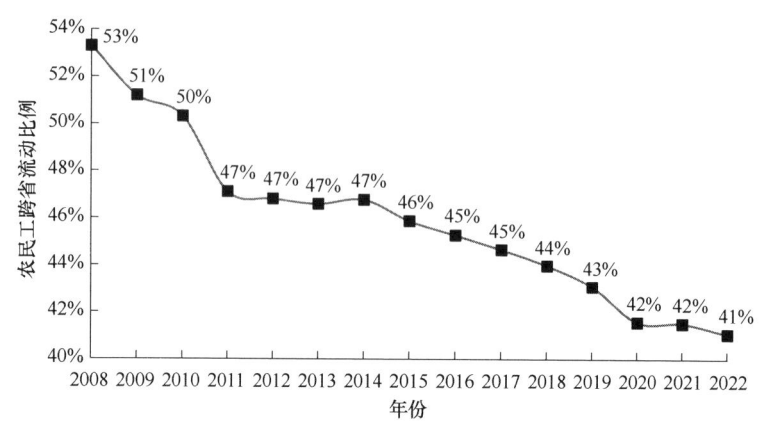

图3-9 2008～2022年农民工跨省流动比例

资料来源：国家统计局历年公布的农民工监测调查报告，该调查始于2008年。

我们通过联通手机大数据，发现跨省对人流量有明显削弱，进一步证实行政分割会造成市场分割。我们将人口出行矩阵分成了跨省和不跨省两组，蓝色拟合线表示位于同一省份的城市之间的人口流动，红色拟合线表示跨省的人口流动，彩图4表示在人流量相同的情况下，跨省的两个城市对之间的距离要比位于同一个省份的城市对之间的距离小得多，也就是说位于同一省份的城市之间的人流量比跨省的两个城市之间的人流量随着距离衰减得要慢。以纵轴数量等于9.5为例，此时两个城市之间经过合成后的人流量为13 360（$=e^{9.5}$）人次，位于同一省份的两个城市之间即使相距1096千米也有13 360人次，而跨省只有在两个城市相距584千米时才有13 360人次，因为人流随距离而衰减，如果跨省两个城市相距1096千米，那么人流已经少得不行了。

我们知道，跨省流动都是流向那些经济发展水平高、就业机会多的地方，如果人们不愿意跨省流动了，是因为更恋家不愿意长距离迁徙，还是因为其他呢？我们曾经询问同在一家理发店工作的两名年龄和资历相近的员工是否打算在广州定居？有意思的是，来自广东湛江的小伙子毫不犹豫地说，将来就在广州生活，而来自广西桂林的理发师则斩钉截铁地说，自己挣到钱，就回广西老家生活。这是为什么呢？进一步追问得知，广西桂林的小伙子觉得自己在这里不能买保险，在老家有新型农村合作医疗，以后回去更方便。广东湛江的小伙则说，自己的兄弟姐妹都在广州，无论是社保还是其他，在老家和广州转换都很方便。这两个年轻人之所以出现不同的预期，主要原因也许在于，一个属于省内流动，一个属于跨省流动。

我们的研究发现，省界壁垒不但存在，而且逐年增强。哪怕是相邻的两个城市，只要跨省，跨省流动人口的数量就会显著降低。这主要是因为省界代表的行政一体化的障碍降低了人们跨省迁移的数量。在全国行政一体化的过程中，省内的一体化实际上是快于全国一体化的，这包括人事、养老、投资、就业、税收等方方面面，甚至高考也是以省为单位的。因而，跨省流动意味着个体在行政方面的迁移成本将提高，省内流动则方便得多。比如我们在检验中发现，在2007～2008年，凡是实现了养老保险省级统筹的省份，流动人口外出迁移的比例都会更低。当省份间社保一体化慢于省内一体化时，我们就容易看到跨省流动在减少，而省内流动在增加，因此跨省流动人口减少的一个原因就是全国统一大市场建设的滞后。

另外，方言、距离、自然地理也阻碍着人们跨省迁移。省界行政壁垒阻碍了人们跨省迁移，这属于制度范畴。以方言为代表的文化等非正式制度，以及距离和自然地理条件也会阻碍人口的迁移。中国是一个多民族、多语言的大国，方言差异代表着文化差异，会阻碍人口流动。中国流动人口迁移距离较长，平均迁移距离为800千米，地理障碍也会成为阻碍人们外出迁移的原因。制度的影响力终将下降，但是非制度的因素会在未来成为人口流动和融入城市的重要阻力。

我们使用联通手机大数据，将2019年1~12月全国334个地级市之间的跨城人口流动数据计算成了334×334×12的出行矩阵，在此基础上的统计结果发现，距离确实会减少城市间的经济联系。图3-10中横轴是存在人口流动的城市对之间的距离的对数，纵轴是城市对之间的人口流动总量的对数，结果展示了随着距离的增加，城市之间的人流量呈现逐渐下降的趋势，距离每增加1%，城市之间的人流量减少2.5%。

（四）人口流动缩小地区间收入差距

很多人认为长距离迁移是不好的，如果能够就近解决就业问题，似乎对流动人口更加有利。事实真的如此吗？答案是否定的。习近平总书记指出："不平衡是普遍的，要在发展中促进相对平衡。这是区域协调发展的辩证法。"流动人口外出迁移一般都是由不发达地区流向发达地区，迁移过程本身就意味着收入的提高和地区的均衡。比如2023年，上海的人均GDP是甘肃的近四倍㊀，公共服务的差距也很大，跨地区的流动是人们实现美好生活的重要渠道。我们在研究中发现，随着跨省迁移的增加，开始的时候会扩大地区间收入差距，但是随着流动人口数量的增多，最终能够缩小地区间的收入差距，达到收入和人均GDP在集聚中走向平衡。

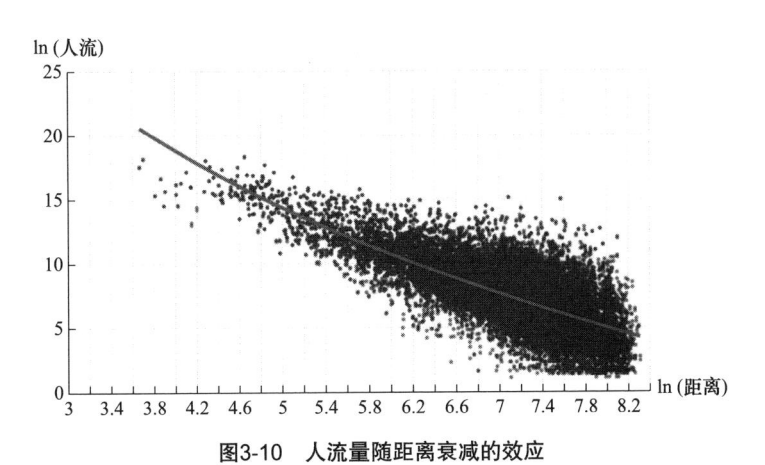

图3-10 人流量随距离衰减的效应

资料来源：由智慧足迹数据科技有限公司的精算师根据原始数据计算，原始数据来自联通智慧足迹数据科技有限公司。

这本身也是统一劳动力市场的意义。首先，畅通的劳动力流动在微观上有利于个体最大化收入、增加就业机会，在宏观

㊀ 参见：《中国统计年鉴2024》中"表3-9 地区生产总值（2023）"。2023年，上海人均地区生产总值是190 321元，甘肃人均地区生产总值是47 867元，上海人均地区生产总值是甘肃的3.98倍。

上有利于提升劳动力的利用效率和教育回报，这在人口数量红利消失的当下尤其重要。[一]其次，劳动力的自由流动导致人口和GDP向少数地区集聚，同时增加人口流出地的人均资源占有量，从而提高留存人口的收入，最终可实现地区间人均GDP的趋同。[二]再次，人口自由流动有助于提高地方政府的公共服务。随着经济的发展，人们拥有了更为丰富和更加多维的需求。人口通过流动选择适合自己的生活地和工作地，通过"用脚投票"形成地区间的竞争机制，激励地方政府优化本地的公共服务和生活质量。[三]最后，劳动力自由流动是货币一体化的区域或国家应对负面冲击的一种必要。在统一货币区内，各地区因条件不同受到不利冲击的影响，受负向影响的地区不能通过本币贬值来应对冲击，需要通过劳动力流出来避免负向冲击的影响。[四]以甘肃省定西市渭源县为例，由于渭源县地理位置相对偏远，40多年来，人们通过外出务工提高收入，留下的人，人均资源增多，收入也逐步提高，实现了在发展中走向相对平衡（见专栏3-4）。

[一] 参见：夏怡然、张翕、周小刚于2020年出版的《空间的力量：在集聚中积累的人力资本》一书，上海人民出版社。

[二] 参见：陆铭、李鹏飞、钟辉勇的《发展与平衡的新时代——新中国70年的空间政治经济学》一文，《管理世界》2019年第10期。

[三] 参见：CHARLES M T. A Pure Theory of Local Expenditures. Journal of Political Economy. 1956, 64(5): 416-424。

[四] 参见：ROBERT A M. A Theory of Optimum Currency Areas. American Economic Review. 1961, 51(4): 657-665；钟辉勇、陆铭、李瑞峰的《增长、补贴与债务：统一货币区的空间政治经济学》一文，《中国人民大学学报》2022年第6期。

◎ 专栏3-4

在发展中走向相对平衡：一个小县城的人口流动图景

渭源县位于甘肃省中部的定西市，是中国古丝绸南路和唐蕃古道的必经之地，县域面积2065平方千米，是国家级贫困县。2023年渭源县的GDP为56.68亿元，三次产业占比为35.5∶10.7∶53.8，人均GDP约为2.08万元，而上海市2023年人均GDP是19.03万元，是渭源县的9倍多。全县完成一般公共预算收入2.25亿元，一般公共财政预算支出完成37.82亿元，公共预算收支缺口主要来自中央和地方转移支付。渭源县2023年年末常住人口27.13万人，城镇人口8.57万人，占比为31.59㊀。根据笔者2023年对渭源县的调研走访，该县常年外出务工人口在7.2万人左右。外出务工收入占到家庭收入的40%~60%。从20世纪90年代开始，越来越多的农民外出务工，务工收入成为家庭主要经济来源。30年前，大多数人主要去新疆务工，一是交通比较通畅，二是早期从甘肃老家定居新疆的老乡和亲属作为纽带。他们主要去做农活，如摘棉花，每年还有摘棉花专列。

斗转星移间，第一代农民工已经老去，第二代农民工也到了四五十岁的年纪。新一代儿女再也不似父辈那样喜欢就近去新疆务工，他们更愿意舍近求远，到长三角、珠三角寻找工作、寻找生活。在交通系统发达的今天，更是如此。我们在

㊀ 渭源县相关数据来自《2023年渭源县国民经济和社会发展统计公报》。上海市数据来自《中国统计年鉴2024》，"表3-9　地区生产总值（2023）"。

2024年9月的调研中了解到,当地政府非常重视劳动力向外输转的工作,对于那些能够稳定就业的人员,给予稳就业补贴。最近20年,浙江金华、福建福州和山东青岛都是定西的对口帮扶城市,现在青岛的城阳区对口帮扶渭源县。当地就业部门把随时跟踪劳动力向外输出的情况,作为重要的工作内容。从渭源县这个案例可以看出,经济落后地区把人口输送到外面是最有效的脱贫方式,否则当地是没有办法解决大量人口的就业问题的。有能力、有工作意愿的人外出务工获得收入,部分人已经在流入地安家落户。我们了解到,早期很多人会去新疆安家,越是条件艰苦的北部山区,人们外出定居的意愿越强烈。随着外出人口的增多,留下来的少部分人,有的在当地就业,有的务农,人均禀赋资源较多,加上当地景色优美,气候宜人,生活相对比较好。很多土地已经被承包,用来批量种植药材、马铃薯等。现在的主要问题是,年轻人既不喜欢留在当地,也不喜欢进工厂,工作稳定性较差,但是无论如何,他们都不会再回去务农了。这也从另一个方面说明,城市应该做好准备,迎接每一个愿意来此定居的人。

渭源是渭水的源头,是华夏民族的发源地,传说大禹曾经在此治水。《诗经》中有讲述渭水的诗歌:"蒹葭苍苍,白露为霜,所谓伊人,在水一方。"这个地方很容易让人真切地感受到那种浓厚的文化底蕴,感受到这里曾经的人口繁盛、适宜居住的魅力。为什么后来变成如此贫困之地?同行的人说,是经济发展模式变了。早期这里属于古丝绸之路,是贸易要道。

后来随着运河经济、海上贸易的兴起,这里的优势不复存在,类似于曾经更加辉煌的敦煌。这是空间经济地理的大变换,与改革开放后,中国经济中心从北向南的转变是多么相似啊。

渭源县这个案例的意义在于,对于较为落后和偏远的地区,人口通过外出务工提高收入,留下的人人均资源增多,收入也会提高,实现在发展中走向相对平衡。

资料来源:本章作者根据调研访谈资料整理。

陆铭老师在《大国大城》的开篇写道:"越是将历史拉长了看,我越是相信,决定人类发展轨迹的是普遍规律,每个国家的特色只会在普遍规律下开花结果。"城市发展当然是这样,我们必须尊重普遍规律,尊重城市自然地生长与更新。尽管人来人往,人潮涌动,但是大城市还是流进来的人多,小城市可能还是流出去的人多。对于人口流动以及与之相关的制度和非制度因素,我们已经说了很多,但是还有很多新的现象我们要探讨。40年前,中国有9亿人生活在农村,今天有9亿人生活在城市,而且这个数字还有扩大的趋势。

人流实际上包括了短期的客流和长期的流动,对于即将走向后工业化社会的中国而言,短期流动人口的增多,应该是好事。但是长期的流动则不是,流动代表着不稳定和没有预期。人口流动的本质是追求美好的生活,人们希望在能够实现梦想的地方安定下来。实现梦想的地方,未来更多的是在城市。我们剖析了过去,分析了当下,预测了未来。总之,我们应该给个人更多的选择,将来去的自由交给个人,将实现梦想的路径交给自己！

第三章我们通过人口流动的数据分析了中国人口流动的图景和城市的版图。中国人口流动呈现出了两个典型的特征：人口流入地和人口流出地的分化以及人口流动规模大、时间长。在人口流动的过程中，呈现出了明显的集聚和向心的特征，人口往沿海、中心城市和城市的中心城区集中。因此，在我们建设全国统一大市场时，重要的维度便是大城市的户籍、教育等制度改革，跨省的公共服务一体化，以及农村的土地制度改革。打通人口流动的堵点，实现在集聚中走向平衡，发展中实现相对平衡。在人口流动和城市发展过程中，一个令人瞩目的变化是信息技术的出现，它会逆转人口流动的趋势吗？大城市的优势会削减吗？第四章中我们将通过信息流的分析给出答案。

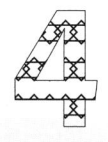

第四章

信息流：透视短视频和直播背后的向心城市[一]

[一] 本研究得到国家社会科学基金项目（24BJY111）的支持。

- **线上城市的集聚**："城市酷想家"不等式"流量集聚度 > MCN账号集聚度 > nonMCN账号集聚度 > 人口集聚度"成立，意味着"流量城市"不仅没有分散化，反而更加集聚。
- **流动网络的向心**：博主和主播的迁移网络呈现出城市群的特征，中心城市的吸引和辐射效应明显。
- **城市格局的变化**：有场景、有标签的大城市在信息流上表现突出，城市格局发生了一些变化。

有一次去深圳，一位记者朋友见面就对作者说："我们深圳现在是很关心流量的！"是啊，流量是当下从民间到政府都关心的话题，消费中心城市关心，制造业中心城市也关心，大城市关心，小城市也关心。这里的流量，不仅是有形的货流和人流，也是无形的线上流量。我们把这类流量叫作"信息流"，包括视频、点赞、直播等。

在信息化时代，无形的线上流量是城市关注的焦点之一。流量大，意味着人气旺，受到的关注多。与传统的依赖运输的物资流量不同，"信息流"可以最大程度摆脱距离的束缚，绘制出不一样的城市版图。城市和上班族都感觉机会来了，小城市的管理者看到了机遇，办公室白领想到了数字游民⊖。甚至大城市的管理者也会怀疑，在信息化时代，城市是否会停止生

⊖ 数字游民指那些利用数字技术、不受传统工作场所限制，在世界各地自由移动生活和工作的人。

长，城市体系是否会更加分散？当作者自己回看《强城时代》时，心里也忍不住要问：大城还能继续大吗？强城还能继续强吗？小城市和乡村是否有机会迅速崛起？我们不敢妄下结论，还是要先做分析。

第二章和第三章从货流和人流的角度对城市网络进行了分析，发现尽管存在市场分割，存在制度、地理、文化等因素的限制，货流和人流依然往沿海和中心城市集聚。然而，无论是货流还是人流，都是可以看到实体流动的，是存在实质性的运输成本的。而信息流因为流动成本较小，通常被认为更加容易摆脱地理的限制，从而使城市更加分散，因此我们将利用代表信息流的短视频和直播的数据对这些问题进行回答。

在第四章中，我们与巨量引擎（抖音集团旗下的综合性营销服务平台）城市研究院研究团队合作，提取与短视频和直播相关的数据㊀，研究"信息流"的集聚和流量网络特征，前者包括各地的视频、点赞、直播间以及直播带货订单等规模数据，后者则从博主和主播的视角观察信息发布者的跨地流动行为。具体包括以下几个方面：

- 信息流所呈现的"线上城市"是更加分散还是更加集聚？
- 产生信息流的博主和主播的迁移网络有什么规律？
- 信息流下的城市和城市群格局与传统的格局有何差异？

㊀ 我们提取了抖音2021年3月、6月、9月、11月这4个月与视频和直播相关的数据。出于信息安全的考虑，账号和流量都做了脱敏和标准化处理，不涉及个人信息。由于数据样本量受到限制，文章在城市的各种排序上不一定完全准确，但统计结果基本可以反映经济规律。

通过分析"信息流"的分布规律和城市格局，我们就可以判断城市在数字经济新阶段的吸引力和辐射力。

一、"城市酷想家"不等式：流量与账号

（一）流量集聚的逻辑

基于2000年至2020年的全国人口普查数据，我们可以明显看到人口在不断地往沿海大城市和内陆中心城市集聚，呈现出"沿海-内陆、中心城市-外围地区"的"双重中心-外围"格局。[①]与人口迁移行为相比，直观上，线上活动可以在任何地方开展，不受地理条件的约束，我们在刷短视频的时候也的确常常看到来自各个地区的直播和视频分享。那么这是否意味着在信息化时代，信息的集聚更为分散，人口的"双重中心-外围"格局会被弱化呢？

先说结论，答案是否定的。实际上，信息流不仅没有更分散，甚至集聚程度还大大高于人口。我们可以从三个方面进行理解。

首先，大城市的需求更大。不可否认，无论是视频、直播，还是其他生产性服务业，很大部分都是为了满足本地需求。即使是线上活动（比如线上教育），虽然技术上允许面向

---

① 参见：陆铭、向宽虎、李鹏飞、李杰伟、钟粤俊的《分工与协调：区域发展的新格局、新理论与新路径》一文，《中国工业经济》2023年第8期；Li Jiewei, Zhao Wenyue, Liang Qianqian. Agglomeration and Radiation: Central Cities and China's Spatial Economy based on 2000-2020 Census Data [J]. Asian Economic Papers, 2023, 22(2): 36-67。

全国乃至全世界，但是本地受众仍然占最大比例。随着大数据技术的发展，消费者成为一种资产，接近消费者、了解消费者成为企业研发产品、开拓市场、提质增效的关键所在，制造业在大潮之下也开始从"供应链驱动"向"消费者驱动"转型（见专栏4-1）。如果大城市叠加更加科技、更加时尚、更加多样化的内容，那么其对外吸引力将会更高。

◎专栏4-1

线上城市：数据资产与消费者资产

早期的电商起步于以零售为主要目标的"线上集市"，平台在商家和消费者之间建立起跨越空间的链接，并借助于线上支付（资金流）和线下物流（物流）实现供求之间的匹配。消费者在消费的过程中会产生大量的数据，通过大数据技术的处理，这些数据已经成为平台上重要的生产要素（信息流），不仅赋能"线上集市"，也赋能"线上和线下的城市"。比如依托天猫平台的海量数据，天猫已经催生出了众多利用大数据技术的生态企业，功能覆盖了研发、设计、咨询、品牌、销售等生产性服务业。"城市酷想家"团队访谈的"宝尊"和"凯诘电商"就是出色的生态企业，它们利用大数据为松下等企业提供从消费者信息收集，到产品研发、品牌孵化、销售推广的全链路服务，并且帮助企业出海。如果做全球范围内的横向比较，这些平台电商的商业模式已经明显领先于其他国家的同行。

在线上城市兴起的过程中，接近消费者、了解消费者成为企业研发产品、开拓市场、提质增效的关键所在，接近消费者，形成"消费者资产"成为制造业和生态企业的竞争力来源，这驱使制造业从"供应链驱动"向"消费者驱动"转型。同时，与制造业深度融合的生态企业也在线下高度集聚，既是为了接近消费者，也是因为需要接近数字化人才和生产性服务业企业。我们在调研中发现，宝尊、丽人丽妆、云积天赫、FancyTech等生态企业都将总部放在一线或者新一线城市，研发中心、物流中心、客服中心则往人才汇聚、地理位置优越的二三线城市布局。

资料来源：改写自"城市酷想家"与"淘天集团|DIGITAL生态实验室"共同发布的报告"线上城市"。

其次，大城市往往拥有更好的数字基础设施和数字技术，能够更早且以更高质量提供线上活动。以网络平台为例，美团、字节跳动、拼多多、小红书等我们耳熟能详的各大平台的总部都位于大城市，网购、外卖、社区买菜等新模式也大多先出现在大城市，在本地打下一定市场基础后再向外扩张。因此，大城市的各种流量也会领先于其他城市。

最后，大城市有更多可供直播或视频制作的场景和内容。这与前面两点也息息相关，大城市汇聚了形形色色的人群，拥有先进的数字化技术，为了满足不同人群的需求，大城市的产品也更加丰富和多元化。以餐馆为例，大城市不仅有本地菜，也有川菜、粤菜等国内其他的菜系，还会有各种各样的西餐和日料,甚至是越南菜、秘鲁菜……吸引各地的美食博主来此分享直播。不仅如此,大城市的消费场景也更加多样。以上海为例,不仅拥有迪士尼、欢乐谷、冰雪世界等大型娱乐场所,还有丰富的音乐、艺术、博物馆等演出展览,也有各类商场、citywalk路线、城市更新区域等历史文化资源。一些新型的快闪店等业态也往往首选大城市,比如最近特别火爆的Jellycat。相比而言,小城市就会单调得多。

因此,在人口空间分布的基础上,由于信息流在生产侧几乎可以零成本复制,而在需求侧又可以通过大数据技术减少试错成本,信息流天然具有规模经济效应。即使所有城市的人群都无差异,假设这些人有相同的年龄结构、相同的教育水平,线上城市也能够放大线下商品的需求、增加线下场景及内容的集聚度,增加大城市的优势,使流量更加集聚。

(二)内容比账号更集聚,账号比人口更集聚

信息流(包括内容流量和账号流量)集聚高于人口集聚的结论也可以通过数据证明。基于2021年3月、6月、9月、11月抖音短视频和直播相关的数据,我们计算了两类"线上城市"集聚度指标。

一是内容流量和账号流量的集聚状况。

在内容流量上,我们可以从视频的点赞数量和直播带货支付的订单数量来评估每条视频、每场直播的流量大小,甚至可以进一步通过对点赞者(或直播购买者)所在地和内容发布

地点进行加总，来评估线上流量的跨地区流动。从账号流量上看，本地上线的视频数量、视频作者数量、直播间数量和主播数量，也是另一种评估该地线上流量的方式。

二是不同专业度账号的流量集聚状况。

无论是视频发布还是直播带货，绝大多数账号都是个人账号，由个人进行运营，但也存在少数账号由一个团队或一家企业共同运营。后者相对更为专业，我们把它称为MCN（multi-channel network）账号，前者称为nonMCN（后简称nonMCN）账号。两类账号的专业度不同，它们的流量集聚情况也存在差异。

我们首先用基尼系数来度量各类流量的集聚程度。基尼系数常用于衡量一个地区内部某类经济指标的不平等程度，系数为0表示绝对公平，系数越接近1表示不平等程度越高。在我们的研究中，流量的基尼系数越大，表示流量在城市间的分布越集中。我们计算了MCN和nonMCN两类账号的直播带货订单、点赞、视频等各类流量，以及人口和经济（GDP）的基尼系数。结果（见表4-1）非常明显，无论是MCN账号还是nonMCN账号，城市间各类流量的集中度都要高于人口的集中度，甚至也大多高于经济的集中度。如果我们进一步分解流量，可以看到跨地区交互的线上内容的点赞和带货订单的集中程度又要高于需要本地上线的视频、直播间和主播的集中度。

表4-1 用基尼系数度量的集中度

类型	直播带货订单	点赞	视频	直播间	主播	视频账号	人口	GDP
nonMCN账号	0.85	0.58	0.50	0.57	0.56	0.51	0.44	0.58
MCN账号	0.92	0.81	0.67	0.68	0.67	0.68		

资料来源：作者根据原始数据计算。原始数据由巨量引擎城市研究院提供，涵盖2021年3月、6月、9月、11月的数据。

进一步地，我们也可以通过弹性来比较内容流量、账号流量和人口的集聚度。简单来说，我们拟合了各个城市不同专业度账号的点赞总数、发布的视频总数的对数值和城市人口的对数值之间的关系⊖（见彩图5和彩图6）。其中，拟合线的斜率就是图中ln（城市人口）前面的系数，代表流量与人口的弹性。如果弹性大于1，意味着流量的集聚速度高于人口的集聚速度，且弹性越大，流量相对集聚速度也越快。比如彩图5的结果显示，城市人口规模扩大一倍，nonMCN账号的视频点赞数量将扩大1.168倍，而MCN账号的视频点赞数量则扩大1.669倍。

几乎所有的结果都呈现出与彩图5和彩图6一样的模式，内容流量和账号流量的集聚速度均高于人口的集聚速度。不仅如此，由于可以跨地区交互的点赞和直播带货订单更加不受距离限制，内容流量的集聚速度也高于账号流量的集聚速度。以nonMCN账号为例，我们的回归结果显示，平均而言，城市人口规模扩大一倍，视频点赞总数增加1.168倍，但视频数量仅增加1.027倍，显然也是高于人口的集聚速度。从这些结果可以看

⊖ 彩图5和彩图6仅展示不同城市视频点赞总数和视频发布总数两类流量的结果，该结果对其他内容流量和账号流量也具有代表性。

到，信息流不仅没有更分散，反而是更加集中的。

（三）越专业，越集聚

nonMCN账号一般指个人账号，对地理区位的要求相对较低。比如，单人线上演艺在任何地方都可以做；个人账号的直播带货也往往是当地甚至家庭经营的一些产品，可以直接就近获得。与之相对，MCN账号则通常由一个团队或一家企业集中运营，需要对相应视频进行拍摄、剪辑、传播，或进行直播前后的选品、商务谈判、销售对接，还有对直播中的流程进行控制。本质上讲，MCN是一种企业化运作的组织，需要人与人之间的相互协作，甚至是专业团队的配合。

与nonMCN账号相比，MCN账号在人才、技术、物流等方面都会有更高的要求，而这些要求很多都需要在大城市才能得到满足。

一方面，团队运营需要各种类型的人才相互配合。一些大团队规模甚至高达几百人，涉及几十个工种。这些人才在哪里容易找到？往往是在大城市。由于丰富的工作机会、便利宜居的生活环境、开放包容的社会制度，大城市会吸引更多数量、更高质量和更多样化的人才，能够满足细分行业的专业需要。我们调研时就经常听到创业者说，新兴产业比如数字经济专业人才，尤其是细分领域且技术好的人才，很难在大城市外找到。不仅如此，人才集聚后往往能不断自我强化其优势，通过互补和外溢产生规模效应，进一步吸引更多的专业团队。

另一方面，团队运营还涉及线下多环节的沟通协作。直播和视频的发布不仅是简单的拍摄上传，还包括一系列专业的流程操作。比如发布一条视频需要前期确定视频内容、协调拍摄团队、后期剪辑字幕制作等；直播带货就更为复杂，如前端的选品、商务谈判和后端的发货、营销等各个环节都需要紧密的线下配合。如果选品和谈判时见面比较困难，或者直播产品与供货的工厂不能快速沟通，对于信息发布者来说可能会产生严重的后果。因此，为了便于线下沟通，MCN团队会更倾向于选址在交通基础设施便利且更靠近视频内容或直播产品生产地的城市，也就是我们前面提到过的大城市中。专注于特定领域或者细分产品的垂类主播就更多地集中在大城市周围，比如我们发现很多服装类的主播都集中在杭州和广州，就是因为这两个地方具有区位优势、产业优势和人才优势，产品、信息和时尚风潮均走在行业前沿，能够实现线下与线上的充分互补。专栏4-2展示了武汉和广州直播背后的快反能力，正是这种能力有力地支撑了这两个城市成为直播基地。

◎专栏4-2

直播：快反能力背后的协作

武汉是全国最大的梭织类服装生产基地，也是这类产品直播电商的主要货源地。武汉服装行业的生产速度非常惊人：一件衣服从设计到交货，7天完成；一家工厂15天就可以完成

10万件直充羽绒服的订单；一件简单的棉服、羽绒服的生产，130秒即可完成。这种快反能力与以下一些区位因素相关：武汉的汉正街有很多服装面料、辅料供应商，加工厂可以直接拿到原料；从汉正街到周边工厂、仓库，只要两三个小时车程，很多商家的配套工厂就在武汉周边100千米以内的卫星城市；距离原料产地或者集散地不远，苏州盛泽、绍兴柯桥以及广州的布料，很快就可以运到；跟全国的服装产业链有深度联系，今天订了布料，后天就能从绍兴柯桥发货。

另一个案例是"城市酷想家"团队调研过的广州海珠区康乐村。康乐村和相邻的鹭江村，因服装业的"小单快反"、24小时内出货的惊人速度而闻名。即使是晚上10点，康乐村路上依旧灯火通明、人潮涌动、车水马龙。调研期间，康乐村面临改造，我们采访的老板跟我们讲不愿意搬离，并且她觉得搬到稍远一点的清远根本不能维持这种生产能力，原因主要有四点。第一，康乐村服装业的配套产业非常成熟。上下游配件都有，什么工序工艺配料都能找到，人也相熟，缺什么很快就能联系上。假如把厂子搬到远一点儿的地方，一旦生产需要什么物料，要回到这边买。一是交通费贵，二是如果堵车，一天下来什么都不能干，效率根本跟不上。他们做"小单快反"面临的压力很大，现在每天都要开新款，天天要找配件是常态，一天会去附近的中大型市场很多次。第二，康乐村地理位置好，送单非常快。由于销售和物料配送都需要便利的交通，康乐村接近火车站、十三行服装批发市场、白马服装城等，位置得天独厚，去绍兴柯桥也很快。第三，这里有二三十年间形成的宝贵社会网络。亲戚朋友间的生意经常就是上下游的互补关系，缺啥配件都能找到。亲戚朋友还能够互相介绍客户、联系生意，也能帮忙介绍工人，随订单量增减的灵活用工问题很容易解决。第四，生活配套齐全。很多人的孩子从幼儿园到高中都可以在附近读书。

> 资料来源：改写自《直播时代：快手是什么Ⅱ》和"城市酷想家"魏东霞教授撰写的调研报告。

因此，更为专业的MCN账号也更愿意向少数具有区位优势的大城市集聚。我们在上文的图表中也能证实这一点。在表4-1中，所有与内容流量和账号流量相关的指标，都是MCN账号的流量集聚度更高。彩图5和彩图6也是类似，MCN账号的视频点赞总数和视频发布总数与人口的弹性，也都是大于nonMCN账号的弹性的[⊖]。

进一步地，对于每一类流量指标，我们将所有城市中的最高值定义为100，对每个城市进行等比例的标准化，用于不同指标的比较分析。以视频点赞总数在城市间的分布为例（见图4-1），MCN账号（图4-1a）和nonMCN账号（图4-1b）视频点赞总数均集中分布在少数几个城市，但后者的分布更加均匀，斜率相对平缓。这也与前面的证据相呼应。

⊖ 其他未展示的分析结果表明，城市人口规模扩大一倍，MCN账号的视频作者数量、视频总数、主播数、直播间数分别增加到1.308倍、1.371倍、1.240倍、1.464倍，远高于nonMCN账号的1.005倍、1.027倍、1.079倍、1.141倍。

a) MCN账号视频点赞总数在城市间的分布

b) nonMCN账号视频点赞总数在城市间的分布

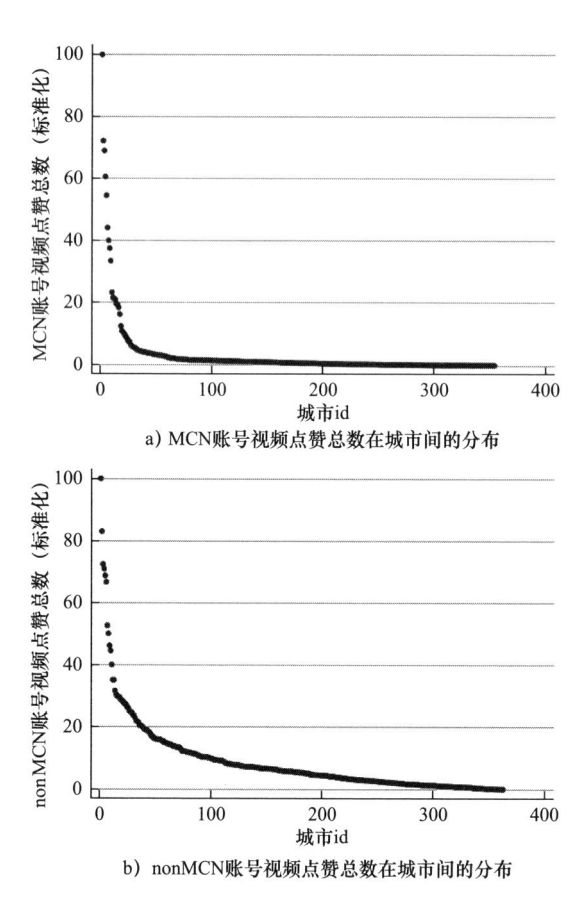

图4-1　MCN和nonMCN视频点赞总数在城市间的分布

注：横轴中一个"城市id"表示一个城市，这些城市按照纵轴"点赞总数"的大小从左往右排列。

资料来源：作者根据原始数据绘制，数据经过了标准化。原始数据由巨量引擎城市研究院提供，涵盖2021年3月、6月、9月、11月的数据。

接下来我们来看一看每个流量指标的城市排名，可以看到一些有意思的规律。

1. 点赞与跨省点赞

从表4-2可以看到，不同专业度的账号所发布的视频点赞总数都是更集中在头部城市的，但是MCN账号集中度明显高于nonMCN账号。对于总点赞数排在20名之后的城市，MCN账号点赞总数已经不到首位城市的11%，但nonMCN账号的点赞数却仍接近首位城市的30%。我们也计算了点赞数量在城市间的集中程度，结果发现（见表4-3），nonMCN账号视频前10%、20%、30%、40%、50%的点赞数分别集中在前4、10、20、33、50个城市中，但是MCN账号视频则高度集中在前1、3、5、7、11个城市中。

表4-2 对nonMCN账号和MCN账号视频点赞数的排序

排序	点赞总数				外省用户点赞数			
	投稿城市	nonMCN	投稿城市	MCN	投稿城市	nonMCN	投稿城市	MCN
1	北京	100	北京	100	北京	100	北京	100
2	重庆	83	杭州	72	上海	68	杭州	70
3	上海	72	上海	69	杭州	62	上海	69
4	成都	71	成都	61	广州	59	成都	58
5	广州	69	广州	55	重庆	57	广州	47
6	杭州	67	长沙	44	成都	52	长沙	43
7	深圳	53	深圳	40	深圳	45	深圳	36
8	郑州	50	郑州	38	苏州	35	郑州	34
9	苏州	46	青岛	34	郑州	34	青岛	32
10	西安	45	沈阳	23	武汉	32	沈阳	23
11	武汉	40	武汉	22	长沙	30	武汉	21
12	长沙	35	合肥	21	东莞	27	重庆	21
13	东莞	35	重庆	21	西安	27	合肥	21

（续）

排序	点赞总数				外省用户点赞数			
	投稿城市	nonMCN	投稿城市	MCN	投稿城市	nonMCN	投稿城市	MCN
14	合肥	32	天津	20	天津	24	天津	20
15	遵义	31	南京	19	合肥	23	南京	18
16	贵阳	30	苏州	18	金华	23	苏州	17
17	商丘	30	福州	16	宁波	22	福州	16
18	南京	30	济南	13	南京	22	济南	11
19	周口	29	西安	11	温州	21	西安	11
20	宁波	29	厦门	11	佛山	21	厦门	10
21	天津	28	佛山	10	沈阳	19	哈尔滨	9
22	昆明	28	哈尔滨	9	厦门	18	佛山	9
23	温州	27	石家庄	9	泉州	18	石家庄	8
24	金华	27	南昌	8	青岛	18	南昌	8
25	佛山	26	潍坊	8	商丘	17	太原	7
26	阜阳	26	太原	7	福州	17	潍坊	7
27	青岛	25	徐州	6	阜阳	16	长春	6
28	济南	25	长春	6	石家庄	16	徐州	6
29	保定	25	东莞	6	济南	16	无锡	5
30	泉州	24	无锡	6	周口	16	东莞	5

资料来源：作者根据原始数据计算。原始数据由巨量引擎城市研究院提供，涵盖2021年3月、6月、9月、11月的数据。

表4-3 各类流量指标的数量在城市间的分布

nonMCN					
数量占比	点赞数	直播间数	主播数	视频数	作者数
前10%	4	6	6	6	6
前20%	10	12	12	16	14
前30%	20	22	21	29	26

(续)

数量占比	点赞数	直播间数	主播数	视频数	作者数
nonMCN					
前40%	33	35	34	45	41
前50%	50	52	51	65	61
MCN					
数量占比	点赞数	直播间数	主播数	视频数	作者数
前10%	1	3	3	3	3
前20%	3	6	5	6	5
前30%	5	10	10	11	10
前40%	7	17	17	18	16
前50%	11	28	27	29	27

资料来源：作者根据原始数据计算。原始数据由巨量引擎城市研究院提供，涵盖2021年3月、6月、9月、11月的数据。

另外，如果我们根据点赞者的位置筛选出外省用户的点赞数，上述结论依然存在，但无论是nonMCN账号还是MCN账号视频，跨省点赞的集中度相对来说还要更高一些（见表4-2）。

需要强调一下的是，我们很难评论跨省点赞数是不是越多越好。因为跨省点赞本身可能也反映了游子的"乡愁"，而且这种乡愁的背后不仅有情感，还受到制度的影响。我们最近的一项研究发现，从"游子"的角度看，如果人口流入地很难落户或融入，无法把老家的父母妻儿接来团聚；抑或是在人口流出地，也就是老家有房、有地、有牵挂，那么看视频、看直播的时候都更容易为老家的内容点赞。这种制度驱动的跨省点赞流量跟我们说的"幸福感"可能是背道而驰的。如果人口流入地的转移人口市民化制度和人口流出地的土地制度改革继续推进，跨省流量可能会减少，但是人们的幸福感其实是增加的。

2. 直播间与主播

从表4-4可以看到，直播间和主播的集聚程度相当，并且MCN账号的集聚程度高于nonMCN账号。我们也统计了直播间和主播总数在城市间的集中程度，结果显示（见表4-3），nonMCN账号直播间前10%、20%、30%、40%、50%的数量分别集中在前6、12、22、35、52个城市中，但是MCN账号直播间则集中在前3、6、10、17、28个城市中；nonMCN账号主播前10%、20%、30%、40%、50%的数量分别集中在前6、12、21、34、51个城市中，但是MCN账号主播则集中在前3、5、10、17、27个城市中。虽然整体集中程度不如点赞数，但是MCN账号主播和直播间的集中程度都要远高于nonMCN。

表4-4 nonMCN账号和MCN账号直播间数和主播数排序

排序	直播间数				主播数			
	开播城市	nonMCN	开播城市	MCN	开播城市	nonMCN	开播城市	MCN
1	广州	100	杭州	100	广州	100	杭州	100
2	重庆	91	成都	83	重庆	88	北京	88
3	成都	75	北京	73	成都	83	成都	79
4	深圳	74	广州	68	深圳	82	广州	78
5	上海	72	上海	59	上海	82	上海	69
6	杭州	72	沈阳	58	西安	80	深圳	51
7	苏州	71	重庆	54	苏州	75	重庆	50
8	西安	66	深圳	46	郑州	72	沈阳	45
9	郑州	65	长沙	41	杭州	71	长沙	41

(续)

排序	直播间数				主播数			
	开播城市	nonMCN	开播城市	MCN	开播城市	nonMCN	开播城市	MCN
10	东莞	60	武汉	33	东莞	69	郑州	37
11	金华	58	郑州	33	北京	61	武汉	33
12	泉州	53	西安	29	金华	54	西安	32
13	北京	50	苏州	28	宁波	53	苏州	30
14	温州	48	天津	26	温州	50	南京	27
15	宁波	44	南京	25	佛山	48	天津	24
16	佛山	42	东莞	23	泉州	47	青岛	24
17	武汉	41	合肥	23	武汉	45	佛山	22
18	长沙	40	金华	21	长沙	45	东莞	22
19	合肥	37	佛山	21	昆明	39	厦门	22
20	商丘	35	厦门	20	青岛	38	济南	21
21	保定	35	哈尔滨	19	合肥	37	金华	21
22	周口	33	长春	19	贵阳	36	合肥	20
23	昆明	33	青岛	19	商丘	36	哈尔滨	19
24	天津	32	福州	19	遵义	35	长春	18
25	青岛	32	济南	18	保定	34	宁波	17
26	遵义	32	泉州	18	天津	34	福州	16
27	无锡	31	大连	16	周口	33	昆明	16
28	徐州	31	南昌	16	南京	33	泉州	16
29	贵阳	31	宁波	15	徐州	32	石家庄	16
30	嘉兴	30	石家庄	15	嘉兴	32	大连	15

资料来源：作者根据原始数据计算。原始数据由巨量引擎城市研究院提供，涵盖2021年3月、6月、9月、11月的数据。

3. 视频与作者

从表4-5也可以看到，MCN账号视频、账号（作者）的集聚程度高于nonMCN账号。比如nonMCN账号投稿作者数排在第20名的城市金华，投稿作者总数仍然有第1名的城市重庆的41%，但是MCN账号排在第20名的城市佛山，投稿作者总数只有第1名的城市北京的19%。同样，从视频总数和作者总数在城市间的分布也可以看到类似的结果（见表4-3），nonMCN账号视频前10%、20%、30%、40%、50%的数量分别集中在前6、16、29、45、65个城市中，但是MCN账号视频则集中在前3、6、11、18、29个城市中；nonMCN作者前10%、20%、30%、40%、50%的数量分别集中在前6、14、26、41、61个城市中，但是MCN作者则集中在前3、5、10、16、27个城市中。

表4-5 nonMCN和MCN视频数和作者数排序

排序	视频数				作者数			
	投稿城市	nonMCN	投稿城市	MCN	常驻城市	nonMCN	常驻城市	MCN
1	重庆	100	北京	100	重庆	100	北京	100
2	成都	74	杭州	89	上海	94	杭州	81
3	上海	68	广州	86	广州	88	上海	73
4	北京	61	上海	70	成都	87	广州	68
5	广州	55	成都	63	北京	84	成都	64
6	苏州	54	郑州	60	深圳	82	深圳	49
7	深圳	52	深圳	59	苏州	76	长沙	41
8	郑州	49	长沙	55	东莞	72	重庆	41
9	东莞	49	重庆	52	西安	68	郑州	39
10	西安	49	苏州	38	郑州	67	沈阳	34
11	杭州	43	沈阳	35	杭州	63	武汉	31
12	宁波	37	西安	34	宁波	50	苏州	29

（续）

排序	视频数				作者数			
	投稿城市	nonMCN	投稿城市	MCN	常驻城市	nonMCN	常驻城市	MCN
13	保定	37	武汉	33	佛山	49	西安	28
14	周口	36	济南	32	武汉	48	南京	26
15	天津	36	合肥	31	天津	45	济南	25
16	商丘	35	天津	29	温州	45	天津	24
17	温州	35	南京	27	长沙	44	厦门	21
18	武汉	33	青岛	24	昆明	43	青岛	20
19	遵义	33	厦门	24	保定	42	东莞	20
20	泉州	32	东莞	22	金华	41	佛山	19
21	贵阳	32	佛山	22	合肥	41	合肥	19
22	佛山	32	福州	21	泉州	40	金华	18
23	昆明	31	太原	20	南京	39	哈尔滨	17
24	阜阳	30	金华	20	无锡	38	福州	17
25	金华	30	石家庄	19	贵阳	38	石家庄	16
26	徐州	30	南昌	19	济南	37	昆明	16
27	合肥	30	哈尔滨	19	青岛	36	长春	15
28	长沙	29	泉州	18	徐州	34	太原	15
29	南京	29	商丘	17	潍坊	34	宁波	14
30	无锡	29	温州	16	周口	34	南昌	14

资料来源：作者根据原始数据计算。原始数据由巨量引擎城市研究院提供，涵盖2021年3月、6月、9月、11月的数据。

通过表4-3的结果对比各类流量指标在城市间的分布，可以更加清楚地看到，各类流量指标都反映出了相同的规律：一是流量高度集聚且以视频点赞为代表的内容流量集聚度最高；二是账号越专业，集聚程度越高。在我们的统计中，MCN账号在所有流量类别中都表现出更明显的集中度。

由此，我们可以得到一个不等式，我们把它称为"城市酷想家"不等式，如下所示：

（内容）流量集聚度 > MCN账号集聚度 >

nonMCN账号集聚度 > 人口集聚度

这意味着，线上活动并不会使距离变得不重要，反而能够进一步促使人口集聚。

二、流动网络中的向心模式：视频与直播

我们已经看到，流量存在明显的集聚特征，并且比人口更加集聚。那么，产生这些流量的人都在哪里呢？他们是否也会流动？他们又有怎样的空间分布特征？

其实，第一个问题我们已经在上一节回答了。视频发布者（后简称"博主"）和直播的主播大多集中在大城市，或者说，常驻大城市。是的，博主和主播不是只停留在一个地方，而是在地区之间不断流动。如果把博主和主播半年内最常停留的地方称为常驻地，在我们的数据中，常驻地和投稿视频、开展直播的地方并非完全重合。当然，由于大部分博主和主播流动并不频繁，尤其是个人运营的nonMCN账号，80%的视频和直播都是在常驻地进行的；但以团队运营为主的MCN账号则有更高的非本地发布比例（约为50%），有1/3的城市中，外来的博主和主播数量是超过本地常驻者的。

因此，本节将关注这些跨地区活动的博主和主播，观察他

们的流动行为,评估城市在信息时代所表现出来的吸引力和辐射力。

(一)城市网络:中心-外围

与本书前几章的做法类似,我们将视频博主的"常驻地"和"投稿地",以及直播间主播的"常驻地"和"开播地"分别作为两类发布者流动的端点,在城市对层面进行加总,并将所描绘的流动网络呈现在彩图7至彩图10中。颜色越深、线段越粗,表示两地博主和主播流动越频繁。

很明显,nonMCN账号的流量网络(见彩图7与彩图8)与MCN账号的流量网络(见彩图9与彩图10)存在一定差异,表现出不同的异地发布和直播的空间集聚模式。

更为大众化的nonMCN账号的视频、博主和直播间、主播从常驻地到投稿地/开播地的迁移流量网络,与城市群网络高度吻合。不仅能够看到京津冀、长三角、粤港澳这些传统的城市群,也能看到山东半岛、滇中、天山北坡这些尚处于起步阶段的城市群。城市群内的城市之间线条往往较粗,迁移流量更大。以跨地区拍摄发布视频的博主为例,在城市群内部城市之间流动的博主占全国跨地区流动博主的比例高达40%,要知道,这些城市群内的城市对在博主流动时经过的所有城市对中的占比还不到10%,甚至远低于这个数字(nonMCN账号为2.35%,MCN账号为8.41%)!直播的统计结果也类似,都表现出城市群内高度集聚的特征。

如表4-6所示，与nonMCN账号相比，尽管仍有相当一部分的流动集中在500千米范围内，MCN账号的博主和主播还是更倾向于较长距离的跨城市群流动，尤其是京津冀、长三角、粤港澳和成渝四大成熟城市群的核心城市之间。如果我们仅考虑当前19个城市群的中心城市间流动○，33个中心城市间的MCN账号各类迁移流量就能达到总流动规模的20%左右（而nonMCN账号流量仅占5%左右）。这进一步佐证了大城市对线上流量的吸引力与辐射力：既能够提供人才与硬件基础设施，成为专业团队青睐的常驻地；又能凭借丰富的线下资源和多样化场景内容吸引外地的团队前往拍摄。比如上海的圣诞节，节日氛围超过许多国外大城市，各类商圈往往提前数十天就开始准备节日主题、活动形式、打卡地标装饰等，消费引流的同时也吸引了来自各地的线上流量，尤其是嗅觉更为敏锐的专业团队。

表4-6 迁移流量的距离和分布

	投稿作者		视频		主播		直播间	
	nonMCN	MCN	nonMCN	MCN	nonMCN	MCN	nonMCN	MCN
平均迁移距离（千米）	436	581	478	650	452	659	501	727
城市群中心城市间流量占全国比重（%）	4.37	17.48	4.35	20.80	5.71	20.97	6.79	21.90
城市群中心城市对外流量占全国比重（%）	51.91	71.84	52.49	74.74	57.21	74.75	58.24	75.99

○ 根据规划，19个城市群有33个中心城市。如果一个城市群包含多个中心城市，"城市群'中心－外围'城市对"也包括城市群中心城市之间。

(续)

	投稿作者		视频		主播		直播间	
	nonMCN	MCN	nonMCN	MCN	nonMCN	MCN	nonMCN	MCN
城市群内城市间流量占全国比重（%）	40.22	39.24	37.78	34.17	41.27	34.37	38.52	29.58
城市群"中心-外围"城市对流量占全国比重（%）	25.38	29.60	24.38	26.39	27.64	26.59	26.13	23.63

资料来源：作者根据原始数据计算。原始数据由巨量引擎城市研究院提供，涵盖2021年3月、6月、9月、11月的数据。

如果我们只聚焦在城市群内部，迁移流量的"城市群网络"也存在明显的"中心-外围"特征，主要集中在中心城市与外围城市之间。我们的数据表明，即使是较为分散的nonMCN账号视频博主，在全国占比不到1%的"城市群'中心-外围'城市对"㊀中也贡献了约25%的迁移流量，这里MCN账号和nonMCN账号的表现是差不多的，参见表4-6最后一行中的内容。

总体上看，大城市（包括区域中心城市）在信息流的产生上依然具有很强的吸引力。但不可否认，距离仍在此处扮演重要的角色，影响博主和主播的流动。距离越近，流动成本越低，流动的人也就越多，这个模式与前面提到的引力模型也非常相似。对于中心城市里想出去的博主和主播而言，城市群周围的城市依然是首选，数字游民也主要在中心城市附近"游荡"。

㊀ nonMCN账号投稿作者迁移经过的130 643个城市对中，共有818对城市为"城市群'中心-外围'城市对"，占0.63%，MCN账号由于迁移经过的总城市对数量较少，这个占比为2.72%。

（二）中心城市：高度集聚

如果我们把每个城市作为常驻地和作为投稿地/开播地的流量进行加总，再按照上文方法标准化，就能得到不同城市对外联系的总排名。城市对外联系流量虽然不如各种类内容流量和账号流量的集中度高，但是也主要集中在少数几个中心城市。比如前面提到的城市群内的33个中心城市，nonMCN账号流量占所有城市总流量的比重超过50%，而MCN账号流量则更高，超过70%[一]。

这也反映出另一个事实，专业团队运营的MCN账号迁移流量的集聚程度仍旧高于nonMCN账号流量。比较表4-7和表4-8，都是排名前30位的城市，MCN账号的对外流量指标大多数都低于nonMCN账号，也就是说，MCN账号的流量衰减速度更快，集中度更高。

表4-7 对外联系总流量排名前30位的城市（nonMCN）

序号	城市	视频作者	城市	视频	城市	主播	城市	直播间
1	成都	100	成都	100	成都	100	成都	100
2	广州	95	广州	82	西安	100	广州	98
3	郑州	84	上海	80	广州	91	西安	97
4	杭州	83	西安	78	郑州	68	杭州	77
5	西安	82	郑州	75	杭州	68	上海	73
6	上海	81	北京	75	上海	64	郑州	65

[一] 另一个值得注意的现象是，如果看所有人口超过500万的大城市对外联系的博主、主播等的迁移流量，nonMCN账号流量中这些大城市的对外迁移流量占比超过80%，MCN账号流量中这些大城市的对外迁移流量占比超过90%。

(续)

序号	城市	视频作者	城市	视频	城市	主播	城市	直播间
7	苏州	75	杭州	73	苏州	59	深圳	61
8	昆明	68	重庆	70	武汉	58	苏州	60
9	北京	66	苏州	70	深圳	56	武汉	57
10	深圳	65	昆明	66	宁波	53	宁波	55
11	武汉	62	深圳	62	昆明	51	北京	52
12	重庆	62	东莞	55	佛山	51	佛山	51
13	佛山	60	武汉	55	长沙	51	长沙	49
14	长沙	59	佛山	53	青岛	50	昆明	48
15	东莞	59	贵阳	51	东莞	47	东莞	45
16	南京	56	长沙	51	北京	47	重庆	44
17	合肥	55	南京	47	贵阳	40	青岛	43
18	贵阳	52	合肥	46	温州	39	贵阳	40
19	青岛	44	毕节	46	重庆	39	南京	39
20	南宁	44	周口	43	南京	36	温州	35
21	宁波	43	宁波	42	合肥	34	合肥	33
22	无锡	42	青岛	38	南宁	32	金华	32
23	毕节	40	南宁	38	毕节	30	毕节	30
24	济南	40	无锡	37	金华	29	南宁	29
25	惠州	39	商丘	36	遵义	25	沈阳	27
26	周口	36	阜阳	36	惠州	24	长春	26
27	嘉兴	35	遵义	35	黔南州	24	遵义	25
28	金华	35	黔南州	35	厦门	24	泉州	25
29	咸阳	35	惠州	34	济南	23	厦门	25
30	遵义	34	金华	33	福州	21	黔南州	24

注:"黔南州"代表"黔南布依族苗族自治州"。

资料来源:作者根据原始数据计算。原始数据由巨量引擎城市研究院提供,涵盖 2021年3月、6月、9月、11月的数据。

表4-8 对外联系总流量排名前30位的城市（MCN）

序号	城市	视频作者	城市	视频	城市	主播	城市	直播间
1	上海	100	广州	100	杭州	100	杭州	100
2	杭州	92	北京	99	上海	91	上海	79
3	北京	88	杭州	93	广州	82	北京	70
4	广州	80	上海	90	北京	82	广州	63
5	成都	59	深圳	61	成都	74	成都	61
6	深圳	57	成都	57	深圳	55	深圳	48
7	苏州	42	长沙	44	长沙	37	南京	30
8	郑州	41	武汉	43	苏州	37	长沙	30
9	长沙	41	郑州	43	武汉	33	苏州	29
10	重庆	36	重庆	37	青岛	33	沈阳	27
11	南京	36	苏州	34	南京	32	武汉	24
12	武汉	35	桂林	34	重庆	31	郑州	24
13	三亚	32	西安	33	郑州	31	重庆	24
14	青岛	32	南京	26	西安	30	佛山	23
15	佛山	31	济南	25	沈阳	29	西安	22
16	西安	30	沈阳	25	佛山	26	天津	20
17	济南	29	天津	25	三亚	25	青岛	20
18	东莞	27	佛山	25	宁波	22	长春	17
19	厦门	26	青岛	25	东莞	21	哈尔滨	17
20	沈阳	25	厦门	24	厦门	21	宁波	17
21	天津	25	东莞	23	金华	20	三亚	16
22	合肥	24	三亚	23	天津	20	厦门	15

(续)

序号	城市	视频作者	城市	视频	城市	主播	城市	直播间
23	金华	24	南昌	23	温州	19	东莞	15
24	嘉兴	23	合肥	21	哈尔滨	19	临沂	15
25	无锡	22	嘉兴	19	昆明	18	温州	14
26	宁波	21	太原	19	济南	18	昆明	13
27	昆明	20	福州	18	长春	18	金华	13
28	廊坊	18	金华	18	合肥	18	大连	12
29	太原	18	泉州	18	嘉兴	15	济南	12
30	惠州	17	昆明	17	无锡	15	合肥	12

注:"黔南州"代表"黔南布依族苗族自治州"。

资料来源:作者根据原始数据计算。原始数据由巨量引擎城市研究院提供,涵盖2021年3月、6月、9月、11月的数据。

(三)外围城市:衰减效应

对于外围城市而言,各类迁移流量都表现出明显的从中心城市向外随距离增加而衰减的效应。图4-2至图4-5中,横坐标表示城市群中心城市到外围城市的距离,包括非城市群的外围城市,纵坐标则是各类博主和主播的迁移流量(此处取对数)。㊀几张图都可以看到一个共同趋势,随着距离不断远离中心城市,城市的迁移流量都在逐步减少。这说明博主和主播的迁移,都受到移动成本的影响,包括交通成本、信息成本等,距

㊀ 如果只取本城市群的外围城市,或者选取所有城市对,而不是仅选择城市群中心城市与其他城市,"随距离增加而衰减"和"明显的城市群边界"的结果是一样的。

离依然重要。

从衰减速度上,也能观察出明显的城市群特征。迁移流量从中心城市往外先是快速地衰减,大约到400千米至500千米距离速度逐渐变慢,趋于平稳。博主和主播的流动似乎存在一定的城市群"边界",在这个边界范围内,流动比较频繁,边界范围之外,流动量就迅速衰减。"边界"大约是中心城市往外400千米至500千米,这与规划的城市群范围非常相似。

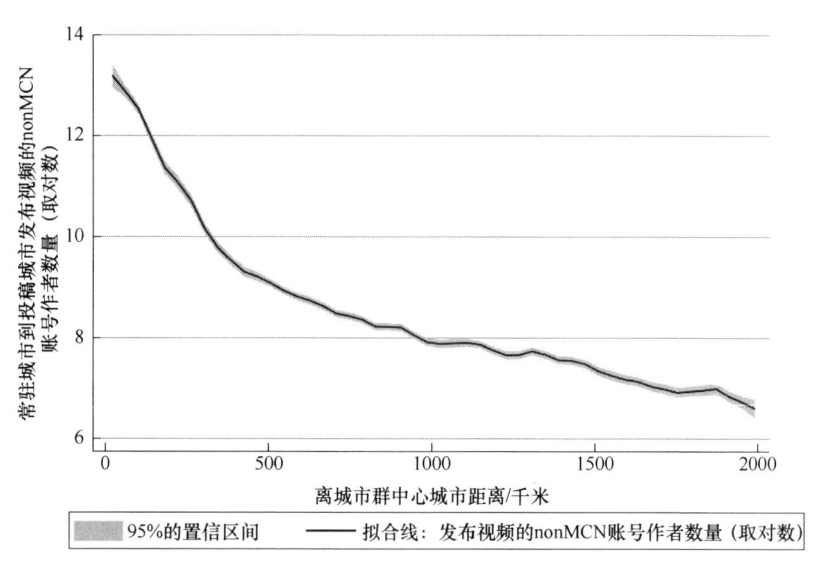

图4-2 "常驻地-投稿地"的投稿作者数与到中心城市距离的拟合线(nonMCN)

注:只选取"常驻地"(起点)或"投稿地"(终点)为城市群中心城市的城市对数据。图4-3至图4-5的设定相同。

资料来源:作者根据原始数据绘制。原始数据由巨量引擎城市研究院提供,涵盖2021年3月、6月、9月、11月的数据。

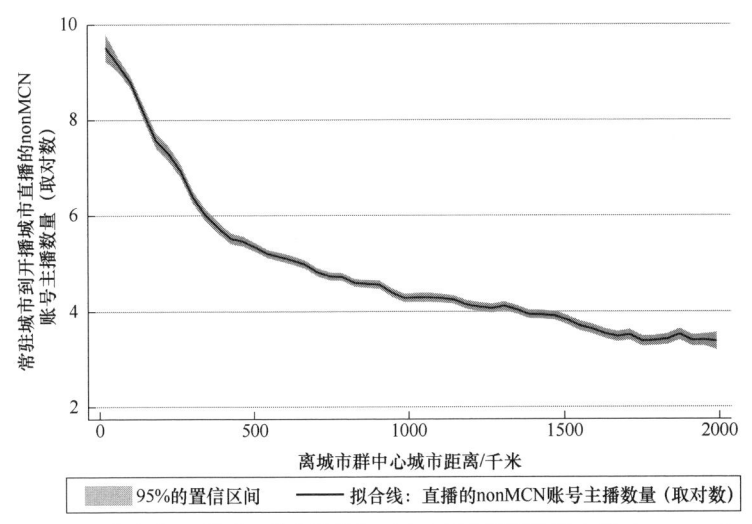

图4-3 "常驻地-开播地"的主播数与到中心城市距离的拟合线（nonMCN）

资料来源：作者根据原始数据绘制。原始数据由巨量引擎城市研究院提供，涵盖2021年3月、6月、9月、11月的数据。

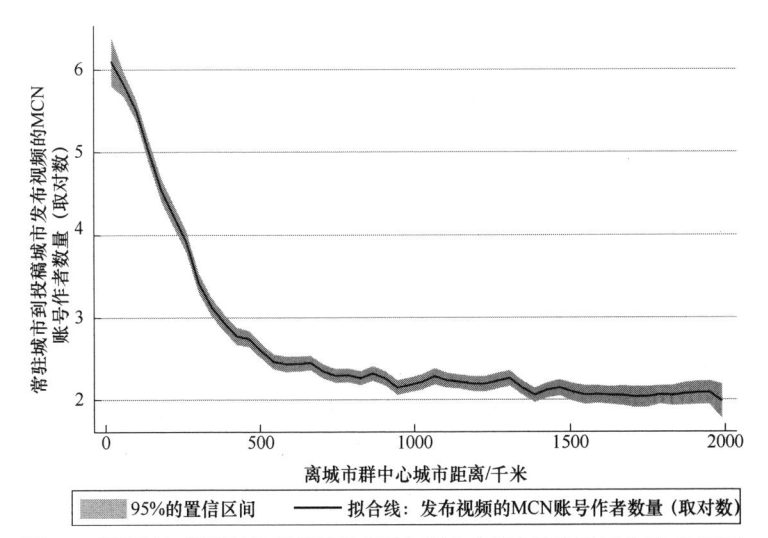

图4-4 "常驻地-投稿地"的投稿作者数与到中心城市距离的拟合线（MCN）

资料来源：作者根据原始数据绘制。原始数据由巨量引擎城市研究院提供，涵盖2021年3月、6月、9月、11月的数据。

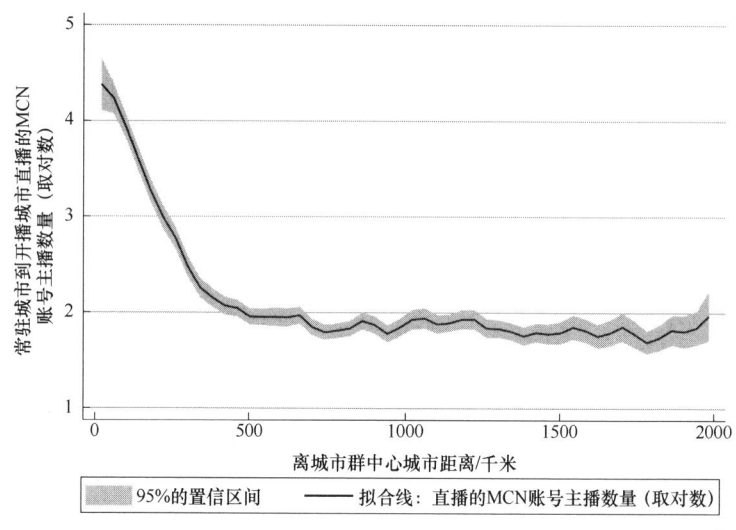

图4-5 "常驻地-开播地"的主播数与到中心城市距离的拟合线（MCN）
资料来源：作者根据原始数据绘制。原始数据由巨量引擎城市研究院提供，涵盖2021年3月、6月、9月、11月的数据。

同样地，与nonMCN账号相比，MCN账号博主和主播流动的流量随距离增加而衰减得更加迅速，"边界"的特征更加明显。大约在中心城市往外400千米范围内，博主和主播流动的流量随距离增加更加迅速地衰减。过了400千米的"边界"，流量开始维持在一定的水平上，随距离增加的变化较小。换而言之，MCN账号的博主和主播会更加集中在中心城市附近流动。超过一定范围，博主和主播流动的流量会明显减少，但也更加平均。

---

① nonMCN账号和MCN账号的"常驻地-投稿地"的投稿视频数和"常驻地-开播地"的直播间数与图4-2至图4-5呈现的特征类似，限于篇幅就不在书中展示。

专栏4-3展示了乡村旅游如何创造流量、如何接住流量的案例,但是这些乡村能成功引流,一个重要的原因是离中心城市不远。

◎专栏4-3

发展乡村旅游:如何创造流量,如何接住流量

长春的马鞍山村,距离长春市区和吉林市区大约50千米,过去是个以"卖石头"为生的"污染村",由于采石矿污染高、收入少、伤残大,该村开始转型发展旅游业,逐渐打造出一个以"卖风景"为业的美丽乡村。通过农村集体经营性土地入市、招商引资、村企联营,马鞍山村进行了一系列旅游开发,包括建设山村特色的田园风光、打造独具特色的主题游乐园、创办以山野菜为特色的农家乐和美食节、创建"吉林省红色旅游示范村"等。

美丽的马鞍山村也吸引了影视制作者,央视热播的当代农村剧《鲜花盛开的山村》,故事题材地和取景地都在马鞍山村。电视剧热播后,辽宁、黑龙江等地的游客都开着车追着剧来打卡。村里及时做了各种提升,不仅原汁原味地保留了剧中名场面拍摄地、主角住所等,而且按照影视剧进行了改造,有花海、民宿,然后还有游乐场所、徒步道等,也包括红色纪念馆、村史馆,使更多的游客能继续到马鞍山村来旅游。同时村里也提升了基础设施,改善了人居环境,展现了乡村文明的新风貌，确保追剧而来的游客来了以后都不后悔。马鞍山村的知名度和吸引力因此得到了极大提升，旅游业蓬勃发展，为当地带来了更多发展机遇。相似的案例还有许多，横店影视城就起源于拍摄《鸦片战争》后流量的利用。随着各种网络平台的兴起，信息的传播速度越来越快，乡村如何结合比较优势创造流量、吸引流量、利用流量值得思考。

资料来源：改写自"城市酷想家"楼帅舟博士撰写的调研报告。

三、格局的变化：城市与城市群

读完前面的内容，大家可能已经发现，线上城市的格局与传统城市格局有相似之处，但也发生了一些微妙的变化。

（一）信息流上的"双重中心-外围"格局

经过改革开放后的几十年发展，中国经济逐渐形成"沿海-内陆"和"中心城市-外围区域"的"双重中心-外围"格局。而形成这一格局的重要原因，是经济的对外开放、港口和航运巨大的规模经济，以及因资源共享、效率提升和知识溢出而不断强化的规模经济。

的确，信息流本身不依赖于传统运输方式，能够突破地理条件的约束。但是信息流的生产、传播却依然受到城市区位、产业优势、人才集聚、消费多样性等多因素的影响。不仅如此，信息的生产者——博主和主播的流动，也仍受到距离和迁移成本的限制。

因此，在城市层面，内容流量和账号流量的集聚，依然呈现出"双重中心-外围"的空间格局。尤其是具有专业性的MCN账号流量，更是集中在北京、上海、广州、深圳、重庆等沿海城市和内陆中心城市。在城市间联系上，nonMCN账号的主播和博主规模庞大，更具有代表性。他们的跨地拍摄和直播流动行为，也同样表现出"双重中心-外围"的格局，甚至能够明显地看到"流量城市群"，沿海密集分布着京津冀、山东半岛、长三角、海峡西岸、珠三角等"流量城市群"，内陆地区也主要由几个中心城市带动的城市群组成。

通过视频和直播产生的线上流量，能够帮我们从新的视角看待"城市"和"城市网络"。有点意外但也没那么意外的是，线上城市的分布与传统货流、人流视角下的城市格局并没有本质的差异，集聚效应依然在主导城市的发展和变迁。但在新技术、新模式下，也出现了一些不同的地方。

（二）信息流下的新兴城市

在前面展示的短视频和直播流量的排序中（见表4-2、表4-4和表4-5），有一些经济和人口规模都不那么突出的二三线城市，在流量经济下表现出强劲的势头。

这些城市往往具有两类特征，一类是有文化标签、有交互体验、有活动场景，比如杭州、成都、长沙、西安、苏州等，它们在流量上的排名都要高于其GDP或者人口的排名。这些城市一般已经具备一定规模，也能够满足专业团队对人才和各类软硬件的需求，并且往往比较重视数字经济，因此，MCN账号流量排名上升更为明显。另一类是数字经济比较发达的新兴城市，如东莞、金华等。它们通常位于大城市周边，虽然不是省会或副省级城市，但经济和人口规模的扩张比较快，nonMCN账号的流量排名较高。

同样地，博主和主播的迁移流量排名中也涌现了一些新兴城市。有一些是和前面重合的，比如成都、西安、杭州等，排名甚至有超越传统一线城市的态势，尤其在nonMCN的对外联系流量上表现抢眼，但在MCN迁移流量上却略逊一筹，仍需继续完善城市的市场条件、提升产品和服务的质量和多样性，持续吸引专业化的人才团队。从MCN的对外流量上看，除了前面提到的杭州、成都、长沙、苏州等文化标签比较重的城市，三亚、厦门、青岛等旅游城市以及沈阳、长春等直播比较发达的城市，它们在流量上的排名也比其人口和GDP排名高，或者与之近似。

与这些迁移流量比较大的中心城市相对应，关中平原城市群（以西安为中心城市）、成渝城市群（以成都和重庆为中心城市）、滇中城市群（以昆明为中心城市）和黔中城市群（以贵阳为中心城市）内的博主和主播迁移网络较为明显，群内中心城市与外围城市的迁移流量比较大。

在MCN迁移流量网络中，京津冀、长三角、珠三角和成渝这四个城市群联系尤为紧密，形成"四极"。其中，作为非核心城市的杭州表现非常突出，无论在长三角内部，还是与其他城市群的迁移流量,都丝毫不逊色于上海和广州。另外,海南三亚和辽宁沈阳等城市与其他城市之间的流量也比较大,前者视频流量较高,后者直播流量较高,这与两地的优势产业息息相关。三亚是知名的旅游城市,而沈阳则拥有较多主播,直播产业发展较为成熟。

值得一提的是,虽然本章关注线上流量,但处处离不开线下。实际上,线上和线下是互为补充的。数字技术的发展有利于开发新的生活场景,这又反过来吸引各地的人才、资源,以及线上关注。如果只有技术,但缺少线下场景配合,如十几年前的BAT时代⊖,线上线下的正向循环就不那么明显。而如今抖音、美团、饿了么、小红书等平台的涌现,都依赖于直接的生活体验,由场景驱动数字经济发展,通过视频、直播、笔记等多方式进行线上互动,切实满足人们的精神需求,也带动了线下的出行和消费。所以,当场景驱动越来越重要时,线上线下的互补就会变得更加重要,有烟火气的城市会更加有优势(见专栏4-4)。

◎专栏4-4

中外硅巷:街道里的协作与活力

硅巷(Silicon Alley)原本只是纽约曼哈顿的一个区域,以"熨斗大楼"为中心,后逐渐扩展到曼哈顿中下城和布鲁克林

⊖ BAT是百度(Baidu)、阿里巴巴(Alibaba)、腾讯(Tencent)首字母的缩写。

区,是一片没有明确边界范围的科技产业聚集区,汇集了大量网络科技、数字媒体、金融科技、生物医药等行业的企业。纽约在21世纪初就致力于"开放创新",打造"创新生态系统"和"科技都市",汇聚人流、信息流、资金流,取得了良好的效果,报告显示,2017年纽约的风险投资已经超过旧金山。吉尔曼的论文总结了纽约创新生态系统的4个要素:多元利益共同体(multi-stakeholder actors)、交流网络(interconnection)、地理邻近和交通便捷的优势(geographic advantage)、接近金融资本(access to finance)。这些要素在人口密度高、产业和人才多样化、交通便捷的大都市更容易得到满足。在各种需求和场景的推动下,资本、商业和科技的结合满足了多样化的需求,如WeWork、The Wing、14th@Irving、AlleyCorp等共享空间和科技孵化器,布鲁克林海军码头的无人驾驶、水下机器人的智能测试等。

与"硅巷"的兴起同时发生的,是硅谷的调整,越来越多的传统购物中心关闭,取而代之的是改造后的体验式商业中心、工作研发空间、公共开放空间和住宅。

中国自2015年上海虹口区提出打造"硅巷"以来,北京、成都、广州等城市都纷纷提出打造"硅巷",让"科技回归都市"。其中,上海长宁区结合城市更新,打造"上海硅巷"科创街区,进行了有益的探索。"上海硅巷"是一个以长宁路、定西路、愚园路、武夷路等街区合围而成的大约1.48平方千米的开放街区,集聚了500余家科技企业。这里道路密集、步行友好。长宁区结合城市更新，在保留历史肌理和日常生活的烟火气的同时，进行产业迭代，积极引入文化和科技企业、新型商业，其中一个街区就孵化及引入了近20家人工智能企业，打造了"上海硅巷NO.1""上海硅巷创客厅"等创新空间。

中国都市区对"硅巷"的探索，与新一代数字经济强调场景和交流的大趋势是一致的，这和早期数字经济如BAT时代与场景相对脱离不同。新一代的数字经济比如分享（小红书、小宇宙），点餐外卖（美团、大众点评、饿了么），酒店公寓（携程、华住会、链家），通勤（滴滴、高德），生活家政（叮咚买菜、盒马、悦管家）都起源于城市生活场景。这些探索成效如何，让我们拭目以待。

资料来源：改写自哥伦比亚大学Hollie R. Gilman的工作论文"Silicon Alley: a framework for New York city's entrepreneurship ecosystem and its public policy considerations"、推文"纽约'硅巷'科创崛起的秘密"，以及上海长宁区城市更新和低碳项目管理中心彭姗妮博士的系列研究等资料。

第四章用了"时髦"的流量"信息流"来分析城市和城市群。尽管信息的传输可以跨越距离的影响，但是我们发现，内容流量比账号流量更集聚，账号流量比人口流动更集聚，并且专业的MCN流量和账号流量集聚程度超过nonMCN，这意味着"线上城市"比线下城市更加集聚。我们进一步看制作视频的博主和开展直播的主播的迁移轨迹时，发现他们的迁移网络与规划的城市群很相似，并且中心城市的吸引和辐射效应非常明显。MCN的博主和主播在大城市间的流动也更加突出。这意味着，经济和人口集聚的规律依然在支配着"线上城市"，有场景、有标签的城市表现更加突出。这些场景和线上与线下的互补也反映在消费中，我们将在第五章通过"消费流"更加细致地观察城市与活力。

第五章

消费流：新技术新阶段下的消费城市

㊀ 本研究得到国家自然科学基金面上项目（72473071）的支持。

- **形成消费城市的时代背景**：服务化的新阶段和数字化的新技术正推动消费中心城市的崛起。
- **塑造消费流空间的前沿逻辑**：在个性化、品质化、多样化的服务消费驱动下，数字技术的发展反而导致消费往大城市和城市中心区域集中。
- **打造消费流量城市的黄金秘诀**：线上与线下融合、消费生态创新，以及紧抓年轻人这一关键消费群体。

随着中国经济引擎的换挡升级，我们目睹消费市场正经历一场翻天覆地的变化。收入水平的提高和人口向城市的不断集中，促使城市经济从生产导向型向消费驱动型转变。这不仅是经济结构的一次深刻转型，更是人民对美好生活追求的具体体现。这场变革深刻地重塑了中国城市经济的发展格局，同时也改变了经济增长的动能和我们的生活方式。

在第四章中，我们通过信息流分析了线上城市、线上线下互补以及城市群相关的问题，并发现线上城市比线下城市更加具有集聚性，其中一个重要机制是，消费领域存在着线上与线下的互补关系。这一机制对消费中心城市的形成具有重要影响。本章将从消费流的角度出发，探讨在新阶段和新技术背景下，中国消费城市的崛起与消费模式的创新，以及这些变化如何提升城市生活的品质并塑造中国经济增长的未来。具体包括以下几个方面：

- 消费城市的崛起与消费模式创新的原因是什么？
- 消费中心城市的消费流呈现出怎样的空间特征？
- 在消费模式创新背景下，线上线下消费的关系、对经济的影响以及如何建设消费流量城市？

一、流金岁月：消费城市的崛起与消费模式的革新

（一）新阶段：后工业化阶段的消费中心城市

今天，我们对"消费城市"这个概念已不再陌生，且越来越认同城市消费的重要性。事实上，早在2001年，美国学者爱德华·格莱泽等人就对这一概念进行了详细阐释[⊖]。让我们先来回顾一下20年前这些学者是如何理解消费城市的。他们提出，城市的功能从生产向消费转型，而推动城市消费功能发展的关键在于城市的便利性。

消费城市的便利性，主要体现在四个方面。

⊖ EDWARD L G, JED K, ALBERT S. Consumer city [J]. Journal of Economic Geography, 2001(1): 27-50.

一是商品和服务的多样性。这可以理解为城市的"味蕾"。丰富多样的产品、餐馆、剧院等随处可见，令城市生活多姿多彩。

二是物理环境和美学。简单地说，就是城市的"面孔"，包括气候、建筑、公共空间、环境质量、街道美学和历史文化地标等。无论是漫步悠悠还是信步匆匆，都能让人感受到城市的魅力与内涵。

三是优质的公共服务。每个人可以方便、公平地享受城市提供的教育、医疗等保障。

四是交通便捷性。完善的城市公共交通网络和高效的通勤系统，使车流和人流更加顺畅。

后来的发展似乎印证了世纪之初学者们的洞见。在全球化和城市转型的快速进程中，纽约、伦敦、东京、巴黎等国际大都市凭借其在地理位置、交通网络、市场活力、科技创新和政策环境上的全球领先优势，迅速崛起，成为国际消费中心城市。而这些城市无不在前面我们提到的消费城市的便利性方面有出色的表现。从全球趋势看，城市已经进入从工业化向服务业化转变的过程。

这个故事离中国并不遥远。到2023年，中国人均GDP已经达到了1.27万美元，第三产业在经济中的占比攀升至54.6%。这不仅意味着中国迎来了一个以服务业为主导的消费城市新时代，也预示着居民对高品质、多样性和个性化服务需求的增长。

2021年，经国务院批准，上海、北京、广州、天津、重庆等城市率先开展国际消费中心城市的培育建设。这些城市各展所长，制订了各自的特色行动计划。上海以高端资源和市场创新为王牌，打造全球新品首发地和消费目的地。北京则以大国首都的身份，强化服务消费，成为国际购物、美食、旅游和数字消费的新标杆。广州以流量城市自居，致力于推动产销互促和湾区联动发展，打造国际化现代商都。天津聚焦独有的消费特色，打造面向东北亚、辐射俄罗斯和中东欧的特色型国际消费中心城市。重庆强化辐射西部的能力，突出巴渝特色，打造辐射西部、面向"一带一路"的特色型国际消费中心城市。这些城市的消费实力与潜力不断被挖掘，成为城市"引流"和"吸金"的利器。截至2023年，我国已有84座城市提出要打造（国际、区域、地方）消费中心城市。

在中国制造业不断壮大的同时，消费城市的兴起已成为大势所趋。在这一新时代背景下，中国的城市不再仅仅是生产车间，而是变成了消费的乐园、文化的熔炉和创新的高地。北京、上海、广州、深圳、重庆等大都市，成为新时代的领航者，引领着消费潮流，吸引着全球目光。这些城市不仅是商品和服务的集散地，更是文化交流的平台和创新思想的策源地。它们以开放的姿态拥抱全球化的机遇，以创新的精神推动城市功能的转型和升级。在这个过程中，中国的城市规划者和建设者们正在发挥各自的巧手工艺，在新一轮的城市更新中精心打造着城市的每一个角落。他们不仅关注城市的硬件建设，如交通网络、公共设施和商业中心，更注重城市的软件建设，如文化氛围、创新环境、服务质量和消费空间。我们希望与读者共鸣的是，在中国的后工业化阶段，这一现象不仅是经济转型的过程，也是社会进步的旅程。在这个旅程中，消费中心城市，尤其是国际消费中心城市，扮演着重要的角色，它们是中国与世界对话的窗口，是中国现代化进程的缩影，也是中国未来发展的希望所在。通过后续的案例分析，我们将重点介绍这些城市如何在全球和全国舞台上展现其独特的魅力和活力。

（二）新技术：信息技术推动下的消费模式变革

当前，我们正站在信息技术的浪潮之巅，人工智能、物联网、云计算和大数据等高科技的推动，使我们的消费模式变革如同乘风破浪的帆船，勇往直前。这场变革不仅是一场革命，也是一次激动人心的探险，它促进了新产品的诞生，推动了新业态的兴起，并构建了全新的消费场景，带来了一系列令人目不暇接的新特征和趋势。具体来看，主要体现在以下几个方面。

1. 消费内容的丰富多彩

除了商品消费，随着人际交往、情感陪伴、尝新体验等多元需求的增长，服务消费市场细分品类新业态层出不穷。据美团研究院测算，2016～2019年，美团服务对象中新业态交易额增长了2.7倍,年均增长率达到55.1%⊖。我们看到从基础服务、普惠服务到品质服务的广泛发展,以及线上线下融合发展对消费者个性化和差异化需求的满足。数据显示,2023年服务机器人产量达到了783.3万套,同比增长23.3%⊜。这不仅展示了电子商务的迅猛发展,也反映了消费者对便捷、高效购物体验的追求。

2. 消费群体结构的显著变化

Z世代(1995~2009年出生)、中高收入群体和老年人口成为核心消费人群。这些群体不仅在数量上占据优势,在消费行为和偏好上也展现出了新的特点。根据2022年《Z世代营养消费趋势报告》显示,平均每位城市常住居民年均花费超过1000元用于健康养生,其中18~35岁的年轻消费人群占比高达83.7%。根据美团研究院测算,2022年全国以按摩为代表的养生消费者规模约2亿人,单次消费金额130元,行业整体规模有望在2025年突破6000亿元⊜。与此同时,银发经济、情绪经济、快乐经济等新业态脱颖而出,反映了不同消费群体带来的消费模式的个性化和多样化发展。

3. 消费新场景的创造

线上预约、线下消费与线上下单、送货到家消费已成为消费者的主要消费方式。这种线上线下融合的模式,不仅提高了消费的便捷性,也增强了消费体验的丰富性。一个典型的线

⊖ 参见:美团研究院的《我国居民服务消费的若干新趋势》一文,2021年4月1日。
⊜ 参见:中商产业研究院的《2023年12月全国服务机器人产量数据统计分析》一文,2024年2月22日。
⊜ 同⊖。

上线下融合的消费新场景的例子是盒马鲜生新零售模式。2015年，盒马鲜生成立，并于2015年7月在上海浦东开了第一家外卖小店，这标志着盒马鲜生开始尝试线上与线下相结合的业务模式。通过线上线下高度融合，盒马鲜生实现了商品价格的同步和库存信息的即时更新。消费者可以在线上下单，享受便捷的配送服务，也可以到线下门店直接购买商品，而无须担心价格不一致的问题。此外，盒马鲜生还使用电子价签系统，实现了线上线下同时调价，消费者可以放心在线上下单，无须到线下查看商品。

在新媒体环境下，艺术展览通过线上宣传和互动，为线下观众提供了更多元化的体验，也促进了消费流的生成和发展。例如，2023年1月上海博物馆首度联手英国国家美术馆，举办英国国家美术馆馆藏作品大展，通过线上宣传吸引了线下42万人次参观，创下国内博物馆收费展览参观人数纪录，其中超过50%的观众来自外省市。有6万余名观众观看两次以上，占比约15%，有人一个月来了12次。50岁以下的观众占85%，10～30岁的观众占40%[一]。据统计，这场展览带来了文化消费，文创产品销售额超过2300万元。可见，线上线下融合的展览消费模式，不仅吸引了全球消费者的参与，也在消费者心中留下了中西文化交流盛宴带来的深刻印记（见专栏5-1）。

[一] 参见：解放日报的《历时3个多月的首个收费展"从波提切利到凡·高"创下超42万人次参观纪录 上博"现象级"展览背后的样本意义》一文，2023年5月8日。

◎专栏5-1

当西方名画相遇上海，42万人次的英国珍藏展留下了什么

在上海，一场艺术的盛宴刚刚落下帷幕。英国国家美术馆的珍藏作品首次跨越重洋，与上海的观众相遇，共吸引了42万人次参观。这场展览是上海博物馆与英国国家美术馆的强强联手，也是英国国家美术馆在中国的首次办展。展览从2023年1月17日持续至5月7日，共展出52件油画作品，涵盖了从文艺复兴到19世纪后印象派的欧洲艺术巨匠，如波提切利、拉斐尔、提香、戈塞特、卡拉瓦乔、伦勃朗、克劳德、康斯特布尔、塞尚、马奈、莫奈和凡·高等50位艺术家的作品。

展览的成功举办，不仅让上海市民近距离感受了西方艺术的魅力，也极大地推动了当地文化消费。据统计，展览期间文创产品销售额超过2300万元，这一数字的背后，是艺术展览对经济活力的直接贡献。外地观众的涌入，更是带动了餐饮、住宿和交通等相关行业的消费，为上海的经济注入了新的活力。展览充分体现了线上线下融合的消费模式。在新媒体环境下，艺术展览通过线上线下融合的消费模式，扩大了观众群体规模。线上的宣传和互动，结合线下的实体展览，为观众提供了更多元化的体验，也促进了消费流的生成和发展。

此外，这场展览也是上海作为国际文化大都市辐射力的

体现。它不仅吸引了国内观众，更有众多国际友人慕名而来，共同见证了中西文化交流的盛况。上海通过这样的国际艺术展览，进一步巩固了其作为国际消费中心和文化交流平台的地位，展现了城市文化的开放性和包容性。

42万人次的英国珍藏展，留下的不仅是艺术的印记，更是上海城市文化软实力的体现。它不仅丰富了市民的文化生活，也为城市的经济发展增添了新的动力。这场展览成为上海文化魅力的一个缩影，也是城市国际化进程中的一个亮点。

资料来源：根据澎湃新闻2023年5月9日发布的文章《当西方名画相遇上海 | 42万人次的英国珍藏展，留下了什么》等资料改写。

综上，在后工业化阶段的消费城市中，电商平台、直播平台等数字媒体深刻影响着我们的消费习惯和生活方式。从线上购物到智能出行，从智能家居到绿色能源，从体验式零售到无人超市，新技术不仅改变了我们消费的内容，也丰富了我们消费的场景，拓展了我们对生活品质的想象。这些变化正是我们迈入消费城市新时代的有力证明，让城市的生活更加多姿多彩，也让我们的消费体验更加精彩纷呈。接下来，让我们深入探讨这些变化如何塑造了城市的经济活动，让我们一起来分享消费流量城市的生动故事。

二、城市脉动：消费中心城市的辐射力

（一）消费旋律：城市之心如何跳动

随着消费城市在中国的蓬勃发展，消费流量的概念应运

而生，随之而来的是消费流量城市的崛起。那么，究竟是哪些因素在塑造消费流量城市？接下来，我们将通过案例分析和理论探讨，与读者们一起倾听消费的旋律，感受城市之心如何跳动。

在探讨消费旋律如何演奏时，我们需要理解是哪些因素拨动了消费旋律的琴弦。

首先，数字化转型推动了消费流量城市的发展。互联网技术的快速发展使得线上平台成为新的消费流量聚集地。例如，小红书的"种草"功能便吸引了很多流量。作为一个内容分享平台，小红书通过用户生成内容（UGC）的方式，积累了丰富的消费信息。用户在平台上分享产品体验和生活方式，形成了强大的口碑效应，这种线上的"种草文化"已成为品牌营销和消费者购买决策的重要影响因素。每月约有1.2亿名用户在小红书上寻求购买建议[一]。因此，社交媒体、电子商务平台和在线广告等数字化工具正在重塑消费者的购物习惯和消费路径，对线下实体商业的流量产生深远影响。

其次，消费体验的融合为消费流量城市注入了新的活力。现代消费者越来越注重购物体验，线上平台的互动性、多样性和便捷性与线下实体店铺的直观体验相得益彰，共同构成了消费者的整体购物体验。这种线上线下一体化的无缝衔接，

[一] 参见：徐礼昭的《2025年玩转小红书内容种草：品牌营销新阵地与用户消费新指南》一文，2024年11月29日。

成为吸引和保持消费者流量的核心要素。以盒马鲜生为例，消费者可以在线上选购食材，并在实体店中取货，或在实体店中看到心仪的商品后，通过app下单购买并配送到家。这种无缝衔接的购物体验为消费者提供了更多选择，以及更加便捷的购物方式。更重要的是，盒马鲜生的线上线下融合还可以利用会员系统和消费者数据，深入了解消费者的购物习惯和偏好，从而不断优化商品组合和上架策略，为消费者提供更好的购物体验。这种模式同样出现在叮咚买菜、小象超市等app上。

最后，地域特色在消费流量城市中扮演着不可或缺的角色。独特的地域特色不仅能够吸引本地消费者，还能吸引国内外游客，进而推动相关产业繁荣发展。以异地跨城消费为例，美团大数据显示，在寒暑假跨城出行和异地消费规模较大的时期，哈尔滨、青岛、烟台、大连、贵阳、珠海、昆明、西安、兰州、厦门表现出显著的异地消费集中趋势，异地消费总额占全年异地消费的比例超过了40%。其中，北方沿海城市异地消费更依赖于暑期，而南方沿海城市则在寒假期间迎来了异地消费的高峰。哈尔滨、青岛、大连、烟台、贵阳等城市的异地消费显示出明显的"单季性"特征。比如，哈尔滨全年异地消费中有27.1%发生在寒假，比其他城市高出8个百分点以上。而青岛、大连、烟台、贵阳等地的暑假异地消费占全年比重远高于其他城市。此外，武汉的春季樱花节对全国异地消费者具有强大的吸引力，使得武汉在寒暑假期间的异地消费在全年所占比重相对较低①。这些数据不仅揭示了中国城市间消费流动的季节性特征，也为我们理解城市间经济互动提供了新的视角。

通过上述案例，我们可以更深入地理解消费流量城市背后的经济逻辑和区域差异。为了更加全面且严谨地呈现流量城市的消费规律，让我们从消费流量大数据入手，深入探讨上海这一东方明珠的消费奥秘。上海以其独特的魅力和经济活力，不仅吸引着来自全国各地的消费者，而且在全球范围内具有不可忽视的影响力，是名副其实的国际消费中心城市。基于银联结算大数据②的可视化分析，可以清晰地看到2019年全国336个城市到上海的消费流呈现出几个显著的经济特征（见彩图11）。

首先，上海的消费中心城市地位显著，本地消费构成了其消费流的主要部分。与上海作为长三角和长江经济带的经济龙头，在集聚消费资源方面的优势密不可分。同时，上海也展现出了强大的消费吸引力和辐射能力。从数据中可以看出，异地来上海消费的主要城市多为中心城市或经济发展水平较高的城市，主要以长三角地区的核心城市为主，还包括了北京、天津、福州、厦门、青岛、临沂、广州、深圳、三亚、海口、大连、长春、哈尔滨和大庆等城市。这些城市与

---

① 参见：美团研究院的《从美团数据看各地寒暑假异地消费的差异性》一文，2024年9月9日。
② 感谢中国科学院地理所张海平博士提供的数据。

上海之间的跨城消费互动,不仅体现了区域经济一体化的趋势,也彰显了中心城市或经济发展水平较高的城市的经济影响力。

其次,来上海消费的流量规模与城市规模有着密切的关系。分析数据显示,来上海消费流量最多的前9个城市包括北京、苏州、宁波、厦门、杭州、福州、重庆、成都和南京,这些城市均是人口和经济规模比较大的城市,反映出消费能力的集中分布。

最后,消费网络的集聚特征明显,即某个节点城市来上海消费越多,其周边城市来上海消费也会越多。这一现象揭示了消费流的网络效应,即消费活动在空间上的集聚可以带动周边地区的消费增长。我们进一步对来上海的消费流进行群落划分,分为四个等级,其中与上海联系最为紧密的圈层城市主要是北京、苏州、宁波、厦门、杭州、福州、重庆(见图5-1)。

为方便对比不同年份是否存在显著差异,彩图12展示了2020年1～5月来上海消费的规模网络,揭示了异地跨城消费的格局。在这一时期,对上海消费贡献较多的城市分别是北京、苏州、郑州、青岛、宁波、福州和重庆等。这一数据反映了上海作为国际消费中心城市的强大吸引力。尽管2020年存在公共卫生事件,疫情对消费、投资和出口造成了短期的较大冲击,但从消费网络来看,上海作为消费中心城市的核心地位并未动摇。本地消费依然是上海消费的主要来源,而省会城市及经济发展水平较高的城市成为来上海消费的主要城市。

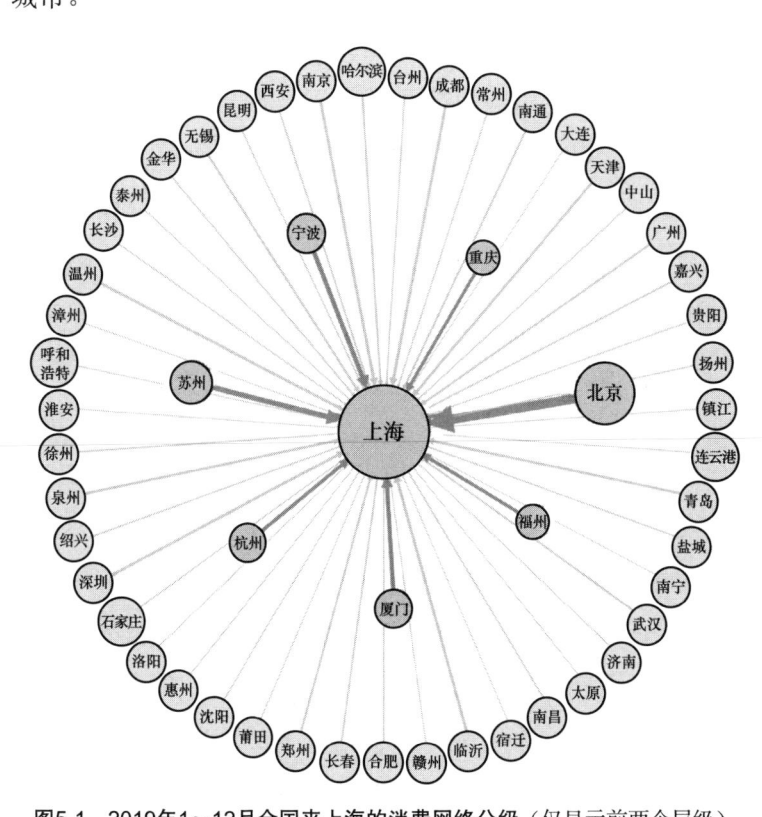

图5-1 2019年1~12月全国来上海的消费网络分级（仅显示前两个层级）

注：图中圈层分布情况是根据来上海消费的消费规模进行从大到小的等级划分的，图5-2做同样设定。

资料来源：作者根据银联数据绘制。

图5-2进一步展示了消费网络分级结构，可以看出，北京、苏州、郑州、青岛、宁波、临沂、南京、福州和重庆是2020年与上海联系最为密切的核心圈层城市。相较于2019年，虽然消

费流量上有所下降，但北京、苏州、宁波、福州、重庆依然在第一圈层，杭州和厦门则未出现在第一圈层内，增加的是郑州、青岛、南京和临沂。可能的原因是伴随着疫情的冲击，内陆城市如郑州和临沂的消费市场得到加强，与上海的联系因此增强。当然，由于我们2020年的分析仅统计了前5个月的数据，也有可能是因为季节因素的影响。但不论如何，上海作为集聚国内外消费资源和人才的核心城市，已经形成了辐射全国的主要消费节点城市。尽管新冠疫情对全国经济产生了显著影响，但从消费网络来看，上海作为消费中心城市的核心地位依然稳固。这一地位不仅体现在其对周边城市的经济辐射能力，也体现在其在全国网络中的关键作用。

进一步来说，上海凭借超大规模市场和高人口密度的优势，其消费行业分布也呈现出服务化的特点。

从图5-3可以看出，2019年异地来上海消费主要集中在服务消费，尤其是零售、生活服务、房地产服务、批发业和餐饮业，这五个领域的消费规模位居前列。零售和生活服务的消费规模远大于其他消费类型，凸显出上海作为国际消费中心城市的地位，以及其多样化、品质化的消费服务对其他城市消费者的吸引力。近年来，上海以"首发经济"为抓手，引进大量首店和概念店，形成了来自全国的跨城消费大流量。除了上海之外，北京、广州等城市也在积极推动"首发经济"，以实现对跨城流量和消费增量的塑造（见专栏5-2）。

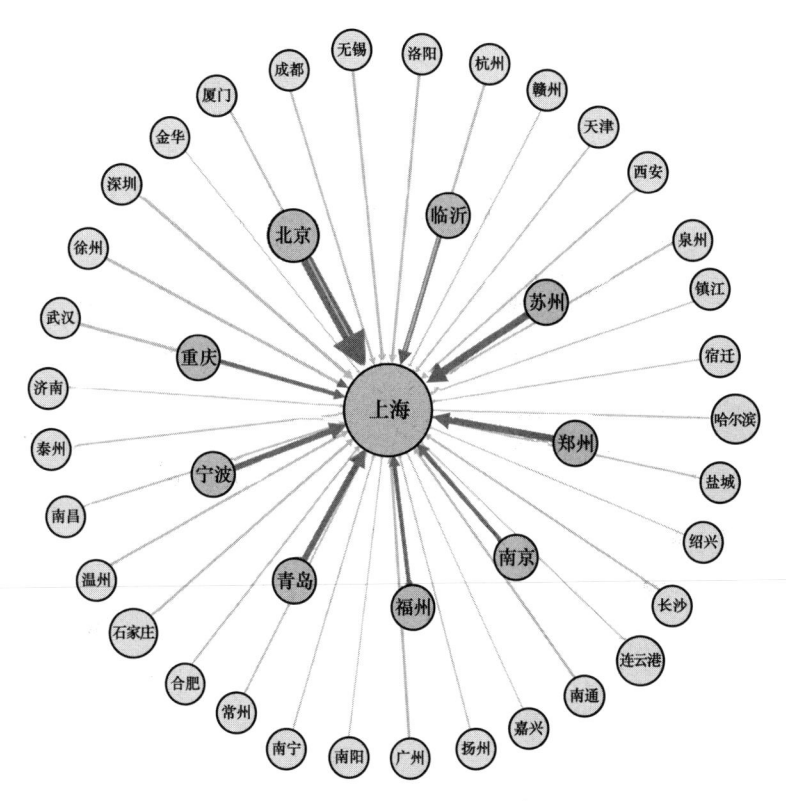

图5-2 2020年1~5月全国来上海的消费网络分级

资料来源：作者根据银联数据绘制。

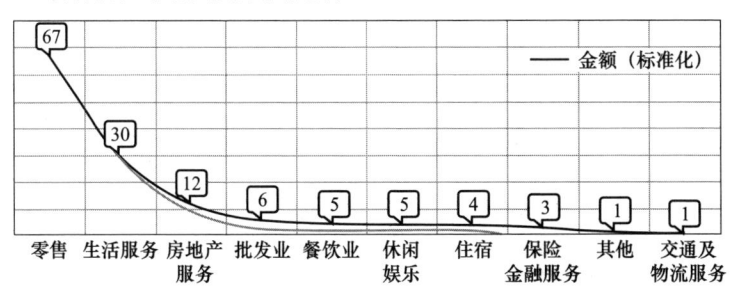

图5-3 2019年异地来上海消费的所在行业情况

注：图中数字代表的是标准化的数据。

资料来源：作者根据银联数据绘制。

第五章 消费流：新技术新阶段下的消费城市

◎专栏5-2

多地做强"首发经济"解锁流量密码

首发经济是指企业发布新产品,推出新业态、新模式、新服务、新技术,开设首店等经济活动的总称,涵盖了企业从产品或服务的首次发布、首次展出到首次落地开设门店、首次设立研发中心,再到设立企业总部的链式发展全过程。2023年,"首发经济"成为吸引消费的"流量密码"。"首发经济"已成为国内国际双循环的交汇点。

据中国商业联合会统计,截至2023年,各地已累计发布48个关于鼓励发展商业品牌首店的政策与措施。上海连续三年发布"首发经济"活跃指数,2022年度指数为87.7,显示其巨大的竞争力、成长力和影响力。静安、黄浦、徐汇等区推出支持措施,构建从"首发"到"首店"再到"总部"的效应,助力品牌资源集聚和产业能级提升。

在2023年上海"五五购物节"期间,逾150家首店抢滩上海滩,近300个品牌举办首发活动。在北京,环球影城主题公园一期开业后,迅速成为全国最热门的旅游目的地之一。2023年接待游客约988万人次,带动环球商圈客流约1600万人次。在广州,广州汇美国际服装城成立创新力品牌社区,引入100多个头部设计师品牌,有力促进了经营方式转型和影响力提升。当品牌选择在某城市开设首店,它便对这座城市和这个区域的营商环境、经济发展水平和商贸活力投下了"信任票"。在首发经济带动下，城市选择品牌，品牌选择城市，两者形成良性互动。

经济发展需要新鲜活水的注入，引进品牌"新面孔"是关键。首店背后的稀缺性和新鲜感能升级为城市消费的流量密码，助推消费升级。首发经济如何赋能经济增长？首发经济以创新为特征，新产品、新内容、新场景等迎合了消费者不断升级的需求，呈现出个性化、多元化、体验化的消费发展趋势。但也要看到，消费持续向好仍面临挑战，消费能力有待进一步提升。为更好发挥首发经济带动作用，除了构建更加完善的首发经济生态体系，还应深化供给侧结构性改革，提高供给体系的质量和效率，拓展多元化消费场景。

我国有超过14亿的人口、超过4亿人的中等收入群体，是最有潜力的消费市场。同时，超大规模市场还有利于摊薄成本、加快迭代、创造场景，让新产品快速产业化、规模化，这都为首发经济发展提供了肥沃土壤。

资料来源：改写自《首次发布！首次落地！首发经济给城市带来了哪些流量？》一文，《经济日报》，2024年8月13日。

首店选择落户消费中心城市，实际上是对这些城市"强磁场"效应的肯定，这些城市聚集了全球的优质消费资源和消费品牌。对于企业而言，首发经济打开了新的商业大门，不仅带来了更多的商机，还加速了产业升级，激发了消费市场的活力和潜力。对于消费者来说，首发经济是一种购物的新风尚，满足了人们对新奇事物的好奇心以及对高品质生活的追求。

值得指出的是，在服务消费方面，消费者更愿意在服务类消费的细分品类中进行消费，如休闲娱乐类、运动健身类、自我教育类的"悦己型"消费成为现阶段的消费新亮点。这些趋势进一步证实了上海在服务消费领域的引领作用和对异地消费者的强大吸引力。可以看到的是，上海之所以能实现消费中心城市的辐射力，与前文提到的拨动消费旋律的三个因素密不可分。这一点，我们将在最后一部分用案例展开详细的介绍。

（二）城市探秘：城市内消费的活力脉络

前面我们已经看到上海在引领长三角以及全国消费上的核心地位。那么，上海内部的外来消费空间特征又会是怎样的呢？总体来看，上海内部的外来消费主要集中在市中心的静安区、黄浦区和虹口区，尤其是七浦路商圈和南京西路商圈，这两个商圈的消费活力和集聚效应为上海作为国际消费中心城市的地位奠定了坚实的基础。

首先，外来消费在城市内部主要集中在市中心区域，尤其是静安区、黄浦区和虹口区三个区域。这三个区的消费规模占到了上海全部外来消费的绝大部分，成为满足全国各地消费需求的核心区。在这些核心区的内部，可以看到许多著名的购物中心，它们是集聚消费需求的重要原因。例如，大悦城（西藏北路）是一个集购物、餐饮、娱乐于一体的现代化购物中心；兴业太古汇以其独特的品牌组合和高品质的购物环境受到消费者喜爱；梅龙镇伊势丹百货提供多种品牌的购物选择；上海恒隆广场以其高端品牌和豪华购物环境著称；黄浦区的上海国金中心位于陆家嘴国际金融区，是一个世界级的地标性购物中心，云集了众多国际高端品牌；虹口区瑞虹天地太阳宫则是一个集购物、餐饮、娱乐于一体的大型购物中心。与外地消费类似，本地消费主要集中在静安区、黄浦区和浦东新区，三个区占上海本地消费一半以上。浦东新区、徐汇区和闵行区三个区也是本地消费较为集中的消费集聚区，说明本地消费相对外地消费存在三个消费子中心，即以静安区和黄浦区为代表的两个浦西消费子中心以及以浦东新区为代表的消费子中心。

为了进一步分解外来消费的三个核心消费集聚区的商圈消费规模，图5-4展示了2019年这三个核心区域内所有商圈的消费情况。可以看到，七浦路商圈和南京西路商圈是两个最核心的商圈。这两个商圈的消费规模又占到了三个消费集聚区的78.5%。其中，南京西路商圈聚集了国际高端品牌，建设海派文化地标，打造城市更新与品质消费的世界级标杆。而七浦路商圈以其高消费金额占比，占据了60%的消费金额，体现典型的单中心商圈空间结构特征，成为上海内部外来消费的重要区域。这些商圈不仅提供了丰富的消费选择，也是上海多样化、品质化消费服务的代表，吸引着来自全国各地的消费者。在此，我们简单分享七浦路商圈的成长故事。在上海，有一条拥有40多年历史的老商街，从20世纪70年代末售卖便宜服饰的地摊，发展到如今鳞次栉比的服装城。七浦路凭借其核心的地理位置和对时尚的敏锐嗅觉，奠定了自己的市场地位。近几年，该区域的品牌战略让这条老商街实现了更高层次的跨越，成为目前上海最大的服装批发市场，吸引了来自江苏、浙江、安徽、湖北等多个省份的批发商和上海本地的买家，日客流量高达数十万人[一]。正因如此，七浦路成为上海外来消费流量和规模最大的商圈。

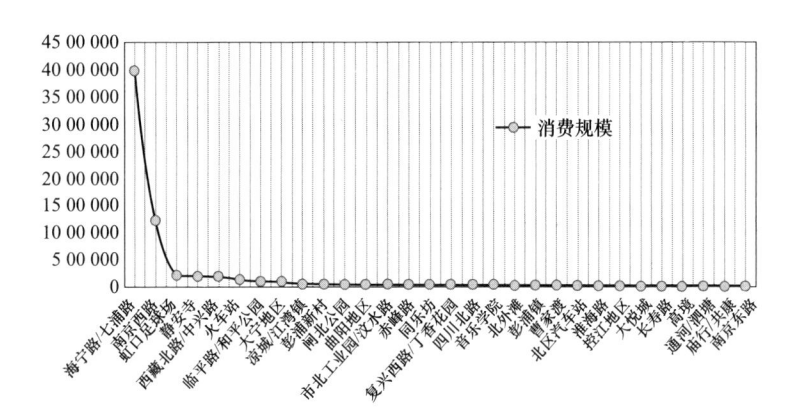

图5-4　2019年来上海消费排名前三的消费集聚区商圈消费规模

注：三个消费集聚区包括静安区、黄浦区、虹口区，图中纵轴的规模是以南京东路为基准进行标准化后的规模。

资料来源：作者根据银联数据绘制。

从城市消费的和谐旋律和繁华轨迹中，我们得以窥见城市的脉络。现在，让我们转换视角，从消费生态的角度深入剖析线上线下互动融合的鲜明特征及其创新路径。

[一] 参见：《上海七浦路：一个专业商圈的成长》一文，2011年3月8日。

三、线上线下交响曲：消费生态与创新路径

（一）线上线下互补

流量城市最突出的特点是线上线下的互动性非常强。线上活动和推广可以有效为线下商业引流，而线下体验则能提升消费者的品牌忠诚度和满意度。通过线上线下的互动，可以形成良性的消费循环，增加消费者的黏性和回购率。同时，随着消费者行为的演变，线上平台不仅是购物的场所，也成为社交和娱乐的平台，抖音和小红书等平台就是典型代表。这种消费行为的变化促使品牌和商家在网上构建更丰富的内容和互动，以吸引和保持消费者的注意力，而这种互动在大城市表现得尤为明显。

大城市就像个巨大的磁场，市场规模巨大、人气旺盛，消费品丰富多样，尤其是对服务行业来说，大城市具有天然的优势。服务业高度依赖人口密度，因此大城市的服务业发展得如火如荼，工作和消费活动都喜欢集中在市中心。这使得许多人，特别是技术人才，更愿意向大城市聚集，形成了一股"向心力"。尽管我们现在可以远程处理许多事务，但这并没有减弱人们往大城市迁移的趋势，反而可能还加强了这一趋势。这是为什么？因为数字经济时代需要更多的人才，而大城市正好提供了学习新技能和提升自己的好机会。因此，总的来说，即便在数字经济时代，人们仍然因为追求更好的生活和更多的工作机会而向大城市集中。

本章前文提到了消费流量城市，实际上在探讨城市现代消费模式的演变中，我们不得不提及流量消费。这种消费模式，依托于网络流量效应，催生了新的消费需求。它建立在互联网、大数据和网络营销的坚实基础之上，彻底颠覆了以地理位置和品牌标识为主导的传统线下消费模式[一]。

我们想和读者分享的观点是，线上技术的发展反而可能使消费活动向大城市集聚。首先，我们来看数字时代下，为什么人口还在向大城市集中？全国各地直播带货的知名主播又为何集中在上海、杭州、武汉、广州这些大城市？除了前面提到的人才因素，另一个关键的原因在于数字经济与一些线下产业之间的显著互补性。

《直播时代：快手是什么Ⅱ》[二]中提到的一个例子，阐释了数字经济与线下产业之间的关系。"武汉有一条著名的商业街叫汉正街，原来是一个批发市场，现在它的一个重要功能就是电商聚集地。那么，汉正街卖的货来自哪里呢？来自距离武汉大约100千米半径的一个都市圈范围内。可能大家有一个问题：在如今的电商时代，为什么不可以把制造业放到更远的地方呢？"这个问题可以通过一个关于5件衬衫的故事来回答。在这个快节奏的电商时代，即使只有5件衬衫的需求，通过直播的力量，需求也能迅速得到满足。

[一] 参见：蔡玉胜、潘汝南的《流量消费的变局与应对》一文，《光明日报》，2024年10月31日。

[二] 参见：快手研究院于2021年在中信出版集团出版的《直播时代：快手是什么Ⅱ》一书。

汉正街案例生动展示了数字经济如何与线下产业结合，将分散的需求聚集起来，实现小批量定制化生产，形成规模经济。这种灵活性和快速反应机制，需要依托于大城市的资源和人才集聚。了解这一点后，我们就能回答为何直播带货的主播都集中在大城市。尽管大家可能直观地认为直播带货可以在任何地方进行，毕竟我们买东西时并不会关心直播带货平台的具体位置。

但实际上，直播带货是一个需要团队合作的产业链，涉及商务谈判、选品、直播间布置以及化妆等环节，这些都需要人才的集聚，因此必须在大城市的心脏地带才能高效完成。观察一下，你会发现许多主播的直播间都设在大城市的繁华地段，比如某位主播的直播间就曾经位于上海延安西路的上生·新所，地处富有"上海第一花园马路"盛名的新华路历史风貌区。只有接近商圈的中心，才能保证直播带货有足够的商品品类，每天都能带给观众新鲜感。从生产端来看，偏远地区的商家或农户也能通过线上经济将产品销往各地；而从消费端来说，消费者可以通过电商买到来自全国乃至全球的商品。比如，待秋季阳澄湖大闸蟹上市后，晚上下单，第二天早上就送到了，这与我们在本地盒马鲜生的外卖体验一样快捷，这就是线上经济的魅力。当然，也有一些地方因为直播带货而声名鹊起，比如山东曹县、浙江温州、福建龙岩。这些地方都利用数字经济实现了快速转型。在小城市和农村，数字技术的应用与中心城市有所不同。例如，湖南邵阳市新宁县的脐橙通过直播和电商迅速扩展销售网络。对于不依赖当地资源的行业，如衬衫生产，选择生产地需要权衡成本和反应速度。在电商直播的大背景下，每一件衬衫、每一个脐橙，都成为连接中心城市与远方的纽带，带着地方特色走向更广阔的市场。

流量经济时代的消费在方式上展现出线上线下融合、个性化和社交化的特点。其中最典型的例子就是《黑神话：悟空》。2024年8月，国产3A级游戏《黑神话：悟空》在网络上引起了广泛关注，成为现象级的话题。这款游戏不仅在文化层面赋予了旅游新的动力，还有效地促进了线下消费，成为文商旅融合的经典案例。《黑神话：悟空》精心选取了全国36个景点作为游戏背景，其中27个是山西省的标志性古建筑。这些古建筑分布在山西省的9个地市，吸引了众多国内外的游戏爱好者和游客前来参观。游戏上线仅3天，山西省的这27个景点就接待了12.66万人次的游客，与前一周期相比增长了21.86%；门票收入达到552.8万元，环比增长了16.18%。这一数据充分展示了线上影响力如何转化为线下的实际效益，为文化旅游和经济发展提供了新的视角和动力。《黑神话：悟空》的成功，不仅在游戏领域，也在推动地方文化和旅游消费方面，展现了其独特的价值。㊀未来文商旅的融合发展，将为消费流量城市发展指明方向。

㊀ 参见：新华网的《〈黑神话：悟空〉爆火之后 | 游戏与文旅的双向深度协同，参与大国竞争的文化出海"排头兵"》一文，2024年9月13日。

（二）流量变留量的文旅秘诀

网络常言："泼天的流量你可得接住。"虽然视频引流能迅速吸引流量，但这种流量似乎并不总是持久的。为什么会这样呢？让我们来剖析其中的原因。

内容的持续吸引力有限可能是一个主要原因。在流量时代，视频内容的吸引力是引流的关键。例如，一些视频号通过发布与用户兴趣高度相关的内容迅速吸引流量，但如果后续内容跟不上或者质量下降，用户可能会很快失去兴趣，从而导致流量流失。此外，视频引流而来的用户往往只是被某个视频吸引，并未对品牌或产品形成深度认同，这种浅层次的吸引很难转化为长期的用户黏性。例如，知名歌手A在抖音举办的线上演唱会直播，开播不到5分钟，在线人数就突破了5000万人次，最终观看超过3.5亿人次。尽管这场演唱会吸引了巨大的流量，但这种流量的爆发性增长是短暂的，主要集中在演唱会直播的短时间内，随着演唱会的结束，流量也会迅速下降。类似的情况也发生在知名歌手B的线上演唱会上。2022年11月这位歌手的线上"哥友会"直播24小时累计观看超6.7亿人次。尽管这一数字令人惊叹，但线上演唱会的流量依然是短暂的，因为这些流量主要集中在直播期间，一旦直播结束，流量就会迅速减少。这两个案例表明，通过热点事件（如线上演唱会）虽然能够迅速吸引大量观众，但这些观众可能只是被特定事件吸引，并不一定转化为长期关注者。

另一个原因可能是缺乏深度互动。视频引流往往也是一种单向传播，缺乏与用户的深度互动，这限制了用户对品牌或产品的深入了解和长期关注。例如，尽管一些视频号通过有趣的视频内容吸引了观众，但缺乏互动就难以真正走进观众的内心，无法让观众形成长期的关注和忠诚。即使前面的问题都不存在，流量转化为销量仍然需要产品的支撑。短视频引流的用户可能在观看视频时已经对产品有了一定了解，而直播feed流⊖的用户可能并没有强烈的购买意向。观众可能只是被直播的娱乐性吸引，而非产品本身。以上内容解释了为什么视频引流虽然能快速吸引流量，但这种流量并不总是能够长久维持。要想实现长久的流量维持和用户留存，需要结合内容创新、用户互动、精准营销和深度价值提供等多方面的策略。

在文旅融合迈向"场景消费时代"的大背景下，不可否认，现实中流量变现的经典案例层出不穷，但一个共同的经验是线上引流需要线下场景的协同配合。在线上演唱会引流后，变现还需依赖线下。2023年夏天，知名歌手B在海口连开4场演唱会，吸引了15.46万人次线下观看，其中省外观众达9.51万人次，为海口带来旅游综合收入9.76亿元；天津9月6日到11日知名歌手B的演唱会仅仅五天时间便吸引了18.5万人次的观众，创造了超过30亿元的综合消费。同年8月，演唱组合A的演唱会在西安举行，两天时间带动当地旅游综合收入4.16亿元。2024年4月，演唱组合B的20周年巡演首站在常州举行，两天吸引超7万

⊖ 直播 feed 流是指在直播应用或平台上，用户可以看到的一系列连续的直播内容。

名乐迷,带动各项消费约3亿元。

关于流量的变现,有几种模式值得和读者们分享。

"展演+旅游"模式正在成为拉动城市消费的新引擎,被视为"行走的GDP"。天津是应用这一模式的典范。2023年9月7日,天津奥林匹克中心举办知名歌手B的"嘉年华"巡回演唱会,连续四天吸引了18.5万人次观众,且主要是外地人。这场音乐盛宴不仅让歌迷们沉浸在旋律中,也推动了当地文旅产业的发展。2023年,青岛则通过高频次的音乐节活动,吸引了超过50万人次参与,市政府致力于打造"最懂年轻人的演唱会之城",以此吸引青年人才(见专栏5-3)。粉丝经济的巨大潜力、文化活动与旅游体验的结合,以及城市对文化传承和旅游业高质量发展的重视,共同构成了这一模式成功的关键因素。

◎专栏5-3

青岛:北方消费新星如何成为"顶流"

青岛,作为北方消费的第二城,正以其独特的魅力和活力,努力跻身全国消费的"顶流"城市。其核心秘诀在于通过演唱会经济、文化旅游资源和政策支持,吸引流量并提升城市竞争力。

演唱会经济吸引了年轻消费者。2023年,青岛共举办了24场各类音乐节,吸引了超50万人次参与。青岛政府提出了打造

"最懂年轻人的演唱会之城"的目标,以此吸引更多的青年人才。这一策略不仅丰富了城市的文化生活,也极大地提升了城市的吸引力和消费活力。青岛的消费市场辐射范围广泛,覆盖了整个山东半岛及周边省份,有望在3～5年内赶超天津。青岛的演唱会经济正在成为拉动城市消费的新引擎,被视为"行走的GDP"。随着越来越多的歌手选择在青岛举办演唱会,这座城市的文化魅力和消费潜力得到了充分的释放。

除了演唱会经济,青岛还拥有丰富的文化旅游资源。这座城市以其独特的历史底蕴和现代商业的巧妙融合,吸引了大量游客的目光。青岛的"网红"打卡地不仅是对城市文化的展示,也是激发本地居民消费潜力的重要因素。政策支持也是青岛吸引流量的关键。山东省出台的《完善现代旅游业体系 加快旅游强省建设的行动方案(2024—2027年)》等文件,鼓励各地举办大型演唱会、音乐节,丰富"展演+旅游"等文旅深度融合业态。这些政策的出台,为青岛的文化旅游业和消费市场注入了新的活力。

青岛,这一北方消费的新星,正通过演唱会经济、文化旅游资源和政策支持,吸引着全国乃至全球的目光。这座城市能否成为"顶流"?答案或许就藏在每一次购物的欢笑中、每一盏夜灯的辉煌下,以及每一位市民对美好生活的不懈追求里。

<small>资料来源:改写自《北方消费第二城,这次能成"顶流"吗?》《每日经济新闻》,2024年8月13日。</small>

从赛事"流量"到文旅"留量",开启了人与城市的"双

向奔赴"。

亚运之城杭州就是这样一个典型的城市。2023年杭州亚运会的举办不仅带来了一时的人流和关注,更如同规模庞大的序曲,开启了城市与人们之间持久的互动,也是文体旅融合塑流量的经典案例。这场运动会的举办时间横跨中秋和国庆假期,为假期经济增添了活力。大众点评上"亚运"相关的笔记攻略数翻倍增长,杭州"city boat"关键词的搜索量环比暴增600%,显示出亚运会热潮带动了全民运动热潮。不仅限于杭州,还辐射到了整个浙江区域,形成了以杭州为主办城市,以宁波、温州、湖州、绍兴、金华为协办城市都市圈的消费流量圈。美团、大众点评等平台的大数据显示,浙江餐饮堂食的订单量较2019年同期增长超380%,杭州及协办城市的酒店、民宿"一房难求",杭州成为国庆铁路热门TOP 10目的地之一。更重要的是,亚运会提升了消费者对体育赛事的关注度,带动了运动品类整体销售额上升。银泰百货数据显示,运动品类环比8月销售额增长8%,国产运动品牌销售增幅显著[一]。所以说,这场赛事的"流量"如同一股强劲的东风,吹拂着杭州的文旅产业,使之焕发新生,转化为持久的"留量"。我们同样也可以看到内强行业素质、外塑文旅形象、优化产品供给、加强住宿保障、守好安全底线是实现从赛事"流量"到文旅"留量"的转化的核心秘诀。

[一] 参见:曾刚等的《从赛事"流量"到文旅"留量"亚运之城,开启人与城的双向奔赴》一文,《杭州日报》,2023年9月27日。

线上对线下场景流量的变现，例如小红书从"种草"到线下流量的故事就值得和大家聊一聊。毫不夸张地说，小红书的马路生活节就是从线上传播、网络引流、种草到线下引流、线下体验和评价的经典案例。其成功也证明了文化活动对线下消费流量的带动作用。通过将线上社区活力带到城市街头，举办一系列文化艺术娱乐活动，为市民和游客提供丰富的文化体验。这些活动不仅吸引了大量客流，还为商家带来了营业额的提升。这种文化与消费的结合，既增强了城市的文化氛围，也有效地促进了线下消费。上海正是通过这种形式的节日，持续不断地提升消费力，进一步将线上流量转化为线下客流，为城市文化和数字经济建设注入新活力（见专栏5-4）。

◎专栏5-4

小红书的马路生活节

　　小红书的马路生活节是该平台的城市文化旅游品牌，以"生活不在别处"为主题，旨在将线上社区的活力带到城市的街头。首届马路生活节于2023年8月3日至13日在上海举行，以黄浦区为中心，覆盖了37条马路及周边地区，举办了超过200场文化艺术娱乐活动，包括音乐会、艺术展、摄影展、潮流运动、纳凉集市和逛吃之旅等，吸引了超过20万名上海市民和游客参与体验。

　　在上海这个极具文化想象力和创新力的城市里，有利于找到一种文化艺术的新表达语言、生活方式的新拓展空间。马路生活节就是通过一系列活动,如路灯音乐会、青年发光艺术展、十周年摄影展等,探索了"生活不在别处"的美好生活新生态。此外,还有潮流city walk、纳凉夜集市、打卡小马路、逛吃之旅等生活气息十足的活动。这些活动不仅为市民和游客提供了丰富的文化体验,也为商家带来了显著的客流和营业额提升。

2024年8月,第二届小红书马路生活节作为"上海之夏"国际消费季的七大标杆活动之一,以"来街头和快乐接头"为主题,横跨上海多个区域,策划了百余场精彩活动。活动包括马路天空秀、美食大出逃、时尚缘分馆、落日音乐会、转角遇大咖、巨型鸭现身上海等,融入了潮流运动和美食品鉴等多元化体验。

马路生活节不仅为上海市民和外地游客带来了丰富多元的城市文化体验,也为参与其中的商家和品牌带来了较大的客流。据报道,2023年首届马路生活节共有超过20万人参加了线下活动。通过这些活动,小红书马路生活节成功地将线上流量引入线下,为城市的街头文化注入了新的活力,同时也为推进上海城市数字经济建设带来了新的乘积效应。

资料来源:改自"小红书马路生活节"百度百科、文汇报《小红书马路生活节开幕!多条小马路联动挖掘上海多元城市文化》等。

流量的变现,真诚和专业是必杀技。湖南怀化的某发型师凭借"听得懂顾客的话"而爆火。很多顾客评价说:"懂自己的发型师终于出现了。"她的抖音账号在短视频平台走红后，粉丝达到400多万人，吸引了全国多地的顾客前来。在她的理发店门前，常常可见人潮涌动，热闹非凡。当地政府洞察到了她所吸引的巨大客流量，为了提升远道而来的顾客和游客的等待与观光体验，有关部门迅速行动，在一夜之间将理发店前的水泥路面升级为平整的沥青路，并在附近精心规划了怀化农特产品的展示区，让各地的顾客和游客能够便捷地选购当地特色产品。此外，怀化文旅部门还推出了一系列"宠粉"福利政策。凡前往这一发型师所在理发店的游客，只需出示身份证、入怀交通记录以及"打卡"照片，便可享受超过30个旅游景区的优惠以及民宿、餐饮、娱乐场所的消费折扣。可以说，她的火爆人气不仅提升了城市的活力，也极大地促进了消费。从2024年11月2日至21日，短短20天的时间里，她的理发店吸引了超过30万人次的客流，直接带动周边现场消费超过3000万元，并为全市消费贡献了高达1.8亿元的增长⊖。

（三）激活城市活力：流量变现的时空逻辑

流量变现与线下消费的时空配套密不可分。

"日出而作，日落而息"这句古老的谚语描述了一种朴素而自然的生活模式。但是如果把白日比作一首充满活力的交响乐，其中充满了启程的激情、工作的忙碌和追求的热忱，那么夜晚则如同一首悠扬的小夜曲，它的节拍是回家的安宁、放松

⊖ 参见：中国蓝新闻发布的《一个人拉动一座城市消费1.8亿元！》一文，2024年11月23日。

的愉悦。当前,夜间经济已成为消费的核心增长点,有数据显示,长沙、重庆的夜间消费占居民总消费比重甚至达到了60%以上。以夜间经济来谈论线上流量转线下流量是比较好的切入点。夜间经济的繁荣与否与城市基础设施密切相关。巨量引擎城市研究院的抖音夜经济消费调查问卷显示,在居民外出考虑的因素中,排名前五的依次是交通、卫生安全、商品及服务是否有特色、性价比、治安管理。可以看出,交通是影响线下消费的核心因素。事实上,综合来看各地区的夜间消费在交通方面的做法,西安、长沙和北京均有较好的举措。在探讨夜间经济对城市文化和经济发展的影响时,我们可以从几个城市的最新举措中得到一些轻松而生动的例子。

首先,西安通过开通"夜游醉西安"旅游直通车,让游客在夜晚也能体验到古城的韵味,这不仅方便了游客,也促进了夜间旅游的发展。大唐不夜城的彩车巡游和文化演出,让游客在夜晚也能享受到丰富多彩的文化体验,这些活动不仅吸引了大量游客,也为当地经济注入了新的活力。长沙则在小长假等客流高峰时期,通过增开夜班线路、延长部分公交和地铁线路的运营时间,以及制定"地铁+公交"无缝链接的运营规则,极大地方便了市民和游客的夜间出行,这样的措施不仅提升了城市形象,也为线下夜间消费的发展提供了便利。北京则以其"夜京城"品牌,通过建立轨道交通延时运营长效机制,保障了重点区域消费者的交通出行。北京的夜经济政策强调了"北京范""时尚潮""文化芯""科技核",每年发布一批"夜京城"打卡地,这样的举措不仅丰富了北京的夜生活,也为城市的文化和经济发展带来了新的增长点。这些城市的做法不仅让城市的夜晚更加活跃,也为市民和游客提供了更多的休闲选择,不仅成为转化线上流量的核心举措,也为城市的经济增长提供了新的动力。

文化的塑造在引领线下消费流量方面起到了品牌赋能的作用。以延边朝鲜族自治州的首府延吉为例,咖啡文化不仅深深根植于当地居民的日常生活,而且已经成为吸引游客的重要文化符号。近两年,随着延吉旅游火爆"出圈",来延吉喝咖啡,也成为众多游客"打卡"的必选内容,咖啡文化现象直接推动了线下咖啡门店数量的快速增长。来自美团的数据显示,2024年上半年,延边朝鲜族自治州咖啡门店数量同比增长29%[1]。延吉咖啡的文化和市场经济经过10多年的积累,已经成为城市文化的一部分,这种文化的塑造不仅改变了消费者的习惯,也促进了线下消费流量的增长。延吉每万人咖啡馆拥有量是上海的近4倍,位居全国县域城市的榜首。因此,延吉也被称为"县咖之王"。在延吉,喝咖啡不只是年轻人的选择,也是老年人的生活习惯。不少延吉人每天要喝两三杯咖啡。可以说,延吉是讲好小城故事,卖好小城生活方式的典型。

(四)青年活力之都:流量变留量的底层逻辑

在前面众多鲜活的城市吸引流量的案例中,还有一个最为

---

[1] 参见:新华网发布的《延边"咖啡+":绽放独特魅力,书写产业新篇》一文,2024年8月31日。

底层的逻辑尚未被触及。让消费的流量变成留量，核心在于抓住消费的关键群体，而这个关键群体就是年轻人。年轻人是城市活力的关键所在，也是留住城市流量的核心所在。他们更看重生活的性价比、多样性的选择和创业活力。

1. 生活的性价比

近年来，年轻人流行"蹲城市"，即寻找理想中的城市。根据小红书发布的《蹲个城市：年轻人选择城市新需求洞察报告》，在20个小红书"蹲"宜居城市条件热门关键词中，有一半与具体的生活相关，比如生活便利、当地人比较包容、语言方便沟通、气候宜人以及多点儿美食等[1]。这些条件反映出年轻人对城市的需求已经从单一的经济考量转变为对生活质量的综合考虑。这种变化揭示了年轻人对城市的需求：他们不仅追求物质生活的丰富与便利，也追求精神生活的充实。既要收入相对可观，又要生活方便，公共交通可以触达全城，便利店遍布城市角落，美食与生鲜触手可及。这些需求指向了一种更有品质的生活方式，不仅关注城市的经济发展水平，而且更加注重生活的细节和质量，追求生活的舒适度和便利性。根据小红书的报告，长沙、昆明、成都、珠海和南宁成为排名前五的理想宜居城市。

2. 多样性的选择

前面提到的技术革命，尤其是互联网技术的兴起，给传

---

[1] 参见：小红书发布的《蹲个城市：年轻人选择城市新需求洞察报告》一文，2022年6月。

统消费和商贸模式带来了前所未有的冲击。在这一背景下，城市若想顺应新技术，打造年轻人的消费流量城市，就必须重视新技术的应用与在地消费的重要性，同时关注年轻人的情绪价值。那么，在地消费的不可替代性体现在哪儿呢？关键就是服务业多样性的选择和即时体验感。服务业的多样性不仅体现在服务本身，还反哺服务业的多样性，这与传统消费品的商贸消费形成了互补关系。这种多样性主要表现在两个层面：第一层面是街区的多样性；第二层面是同一街区内消费品和服务的多样性。

第一层面是街区的多样性。以新加坡为例，这个国家拥有印度人聚居区、马来西亚人聚居区等多个不同文化背景的街区。每个街区的文化建筑、宗教信仰以及所售卖的商品都各具特色。对于游客而言，每到新加坡，他们都想要探索不同的街区，体验那里的独特风情，这样才能真正感受到这个城市的韵味。在这样的街区中，餐饮和零售业自然也会随之繁荣。第二层面是同一街区内消费品和服务的多样性。人们对多样性的追求，使得在地消费能够抵御新技术，尤其是互联网技术的冲击。这种多样性不仅满足了消费者对新奇和个性化体验的需求，也为城市的经济注入了活力，促进了消费的多元化发展。

让我们进一步探讨如何丰富城市的多样性。设想一下，城市中的每个区域都洋溢着活力与创新，这是人口密度和街道密度所带来的独特魅力。在城市和社区这两个层面上，它们共同构成了消费繁荣、质量和多样性的复杂系统。面对面的服务行业作为人际互动的核心，具有不可复制和不可存储的特性，类似于现场直播，每一次交流都是独一无二的。研究表明，城市里人越多，服务行业的舞台就越大，服务的种类和质量也会随之提升。同样，街道越密集，越容易形成适合漫步的街区，这里的服务供给（比如那些让人垂涎欲滴的餐馆）就会更加丰富、多样和高质量。笔者的一项研究验证了中国的一句老话："宽街无闹市，窄巷存旺铺。"实证发现，路网密度每提高1千米/平方千米，美食店铺的数量将增加约2个，综合满意度评分将增加0.3分，美食店铺的种类将增加约1种[一]。我们的研究还发现，等级最低的步行街对消费活力的影响是最大的。确实，步行街作为城市商业空间的新形态，通过提供全域开放的空间、强化体验感和情境感来调动消费，打破了传统商业模式，构建起核心竞争力。它们不仅展现了城市民俗情境，还体现了现代社会从生产主导转向消费主导的结构变化，为消费者提供了最大的自由、多样化的享乐空间（见专栏5-5）。在这个互联网时代，新经济的浪潮并没有削弱密度的魔力，反而让它更加闪耀。一些新兴的商业模式，比如外卖、自提货柜、直播带货等，它们在那些人口密集、街道纵横的城市和街区里，就像找到了肥沃的土壤，茁壮成长。在这点上，我们利用上海"饿了么"外卖平台的数据，发现本地人口密度仍然是影响外卖订单的一个重要因素。人口每增加一个标准差，每家店铺的订单量

[一] 参见：彭冲、金培振的《消费型街道：道路密度与消费活力的微观证据》一文，发表于《经济学（季刊）》，2022年第4期第1361～1382页。

就会增加1.13个。这种影响主要由1千米范围内的人口密度所驱动。这是因为人口密度带来了对邻近性的更强偏好。订单的便利性、多样性和质量都受益于人口密度。人口密度还导致服务中介（例如外卖骑手）的聚集，从而提高了配送效率[一]。所以，让我们拥抱这种多样性，享受城市生活！

◎专栏5-5

步行街：体验感调动消费的新商业形态

2020年7月，商务部公布首批五条全国示范步行街，成都宽窄巷子、西安大唐不夜城、重庆解放碑、南京夫子庙、杭州湖滨路荣列榜单。示范步行街评选是中国商业历史上的第一次，也是中国商业历史的里程碑式事件。步行街不仅是城市商业空间消费的主力形式，也是城市功能与日常生活深度结合的产物。它们通过全域开放的空间、景区与街区的融合，以及强化体验感来调动消费，打破了传统商业的定数"魔咒"，构建起核心竞争力。

步行街的发展超越了传统商场，成为城市商业空间的新形态。它们提供了空间和动线的自由（消费者可随意定制消费路线）、商业组织形式的自由（遵循消费者"逛+闲+憩"的生活节奏），以及行为自由，使得消费者在逛街时享受到更强的自

[一] 参见：Weichen Huang, Ming Lu, Chong Peng. Neighborhood-centric digital services and local population density: is distance dead?, Working paper, 2025。

由感和舒适感。步行街的核心竞争力在于其情境感和体验感。它们通过重新组织和分类情境，重建与"剧本"的关系，重建场景化与功能化的关系，来吸引消费者。像成都宽窄巷子上演的"老成都原真生活体验"、南京夫子庙的"秦淮风光"、西安大唐不夜城的"盛唐风华"、充满了"解放"气质的重庆解放碑、"西子景致，千年湖滨"的杭州湖滨路，都是对"日常生活情景剧"的最佳回应。成都宽窄巷子核心区展现"老成都生活样态"，商店和45个院落各具特色，形成居民与游客、高端餐饮与平民茶馆共存的独特城市情境。川剧锣鼓和三大炮等生活元素与建筑、街道融为一体，既为街区增添文化景观，又保留传统生活风貌，吸引游客体验"生活即旅游"的独特魅力。正因如此，成都宽窄巷子每年接待2000多万名游客，其中10%不以消费为目的的"闲逛者"造就了中国商业消费密度最高的街区之一。同时，步行街也在探索线上线下依存化的发展模式，通过"线下体验+线上结算"的方式，打破场景限制，拓展消费可能性。

步行街的成功不仅在于其对城市民俗情境的竞争，还在于其对消费社会到来的自由支撑。它们体现了当今社会从生产主导转向消费主导的基本结构和经济基础，为现代社会的需求、个体、享乐和丰盛提供了最大的自由支撑。步行街的打造方向指向了"无场景不消费，无符号不消费，无情绪不消费，无消费不消费"的消费社会新逻辑。

资料来源：根据齐鲁晚报网，2020年9月3日发布的文章《"线下体验+线上结算"：步行街消费新场景》改写。

3. 创业活力

在满足年轻人基本生活需求的基础上，为他们创造一个能够展示和实现自我价值的创业环境和舞台，是留住年轻人的关键策略。以佛山为例，该市的制造业规模庞大，产业集聚优势明显，工业产值正在向3万亿元迈进。产业的集聚效应吸引了大量人才，使年轻人在这里拥有更多的就业机会和发展空间。桂城街道便是佛山的典型代表，被誉为"人才乐园"。桂城地处南海区东部，东接广州市荔湾区，西邻禅城区，南与顺德区和广州市番禺区接壤，总面积为84.16平方千米，是佛山及南海区的中心区域。在过去的10年中，桂城街道的人口增量达到了19万人，其中大多数是年轻人和高层次人才。这一增长相当于一个敦煌市的人口规模[一]，桂城街道也成为南海区人口密度最高的街区。目前，桂城街道拥有高层次人才约2500名，总量居佛山首位；累计引入人才创业团队近百家，占南海区半壁江山。

写在最后。数字媒体的发展似乎正在培育年轻人"快消费"的习惯。在媒体的推波助澜下，消费的流量有时表现得"来去匆匆"，这让很多商家感觉无所适从。然而，我们应更加关注快消费中的"慢变量"。正如我们前面所讨论的那些消费城市崛起的秘密，吸引消费者越来越多的是消费的体验。在细分赛道上深耕，塑造富有吸引力的线下消费场景，打造稀缺、差异化的慢消费体验，以长期主义应对快消费模式，也许

[一] 参见：《深读 | 这届年轻人为什么爱"蹲"桂城？》一文，2023年10月12日。

这些才是未来商家的生存根本之道。

我们在最后重申一个理念：城市要面向未来，面向年轻人。城市是大家的，也是年轻人的，但归根结底是年轻人的。再过20年，我们都将老去，不能用陈旧的观念去束缚城市的未来。统一的商品和要素市场、流动的人口、线上城市、服务业和数字媒体，既是年轻人和大城市的机会，也存在各种各样的障碍。破除障碍，吸引年轻人，让各类要素竞相迸发活力，才能有生机勃勃的城市。或许，这也是消费友好型城市建设的未来方向。